Schriften
des
Vereins für Sozialpolitik.

Untersuchungen über Preisbildung.

Abteilung A: Preisbildung bei agrarischen Erzeugnissen.

140. Band.

Milchwirtschaftliche Erzeugnisse.

Herausgegeben von Arnold-München und Sering-Berlin.

Fünfter Teil.

Die gemeinnützige Milchversorgung in Deutschland.

Verlag von Duncker & Humblot.
München und Leipzig 1914.

Die gemeinnützige Milchversorgung in Deutschland.

Mit Beiträgen

von

Dr. A. Witzenhausen und Professor Dr. Kamp.

Verlag von Duncker & Humblot.
München und Leipzig 1914.

Altenburg
Piererſche Hofbuchdruckerei
Stephan Geibel & Co.

Geleitwort.

Die Ernährung des deutschen Volkes in diesen Kriegszeiten stellt sich als eine so schwerwiegende Frage dar, daß jeder praktisch verwertbare Beitrag zur Lösung willkommen sein muß.

Die Veröffentlichungen dieses Bandes von Dr. A. Witzenhausen und Professor Dr. Kamp, welche die kommunale Milchversorgung der Stadt Mannheim und den gemeinnützigen Milchausschank im Rheinland und Westfalen behandeln, bringen keine Vorschläge, sondern führen im Betrieb stehende Einrichtungen vor, die leicht nachahmbar und anderorts unschwer zu errichten sind. Sie gelten deshalb auch der Kriegsfürsorge, ohne in kommenden Friedenszeiten irgend entbehrlich und minder nutzbringend zu werden.

München und Berlin, September 1914.

Die Herausgeber.

Inhaltsübersicht.

Die Milchversorgung der Stadt Mannheim.

Ein Beitrag zur Frage der kommunalen Milchversorgung.

Von

Dr. Anna Witzenhausen,
Mannheim.

Vorwort.

Seit den Spätsommertagen des Jahres 1911 währt in Mannheim der Streit um die Bedeutung der Mannheimer Milchzentrale, dieses eigenartigen Gliedes der Milchversorgung der Stadt. Auch außerhalb Mannheims verfolgt man aufmerksam die Entwicklung dieses Unternehmens, das vielleicht berufen ist, als Vorbild für die Neuorganisation eines wichtigen Zweiges der Nahrungsmittelversorgung unserer Städte zu dienen.

Aus diesen Gründen schien es mir besonders interessant, gerade die Milchversorgung der Stadt Mannheim einer eingehenden sachlichen Untersuchung zu unterziehen und dadurch vielleicht zu einem bescheidenen Teil beizutragen zur Klärung der Ansichten. Meine Arbeit wurde mir erleichtert durch die liebenswürdige Unterstützung, die mir von allen Seiten, von staatlichen und städtischen Organen wie von Privaten, zuteil wurde. Ihnen allen, besonders den Herren Adam Unger, Vorstand der Ersten Molkereigenossenschaft Mannheimer Milchhändler, und Dildey, Direktor der Mannheimer Milchzentrale, die mir jederzeit mit wertvollen Auskünften zur Seite standen, sei auch an dieser Stelle gedankt.

Daß diese, meine erste Schrift, die zunächst als Dissertation im volkswirtschaftlichen Seminar der Universität Heidelberg entstanden ist, in der Sammlung der Schriften des Vereins für Sozialpolitik erscheinen wird, ist mir eine besondere Freude. Herrn Dr. Arnold-München, der die Abhandlung geprüft und ihre Aufnahme unter die Schriften des Vereins befürwortet hat, danke ich daher sehr für die aufgewandte Mühe.

Ein letztes Wort herzlichen Dankes sage ich meinem Lehrer, Herrn Professor Dr. Schott, für seine gütige Anteilnahme an der Entwicklung dieser Arbeit.

Mannheim, im Juli 1914.

Anna Witzenhausen.

Inhaltsverzeichnis.

Quellen und Literatur.

A. Ungedruckte Quellen.

1. Erhebung über die Milchversorgung Mannheims am 29. September 1910.
2. Nachweisungen der Generaldirektion der Großh. Badischen Staatseisenbahnen über die Milchzufuhr auf dem Bahnwege nach Mannheim im Jahre 1911.
3. Akten der Stadt Mannheim.
4. Rechnungsbücher der Milchküche des Mannheimer Frauenvereins.

B. Gedruckte Quellen.

1. Verwaltungsberichte der Stadt Mannheim (seit 1892).
2. Statistische Monatsberichte der Stadt Mannheim (seit 1898).
3. Mannheimer statistisches Taschenbuch, 1913.
4. Mannheimer Milchregulativ.
5. Geschäftsbericht der Mannheimer Milchzentrale für das erste Geschäftsjahr 1912
6. Berichte über die Tätigkeit des Städtischen Untersuchungsamtes Mannheim (1910, 1911, 1912).
7. Statistische Mitteilungen für das Großherzogtum Baden (seit 1897).
8. Berichte der Mannheimer Handelskammer.

C. Allgemeine Literatur.

1. Die Milchversorgung auf dem Bahnwege in 41 deutschen Großstädten, 1911 (Zeitschrift des Kgl. Preuß. Statist. Landesamts 53. Jahrg. 1913 und Schriften des Deutschen Milchwirtschaftlichen Vereins Nr. 41).
2. Beiträge zur Statistik der Stadt Frankfurt a. M. (9. Heft, Frankfurt 1911).
3. Mitteilungen des Statistischen Amtes der Stadt München (XXIII. Bd., Heft II; XXIV. Bd., Heft I).
4. Monatsberichte der Stadt München (1911, 1912, 1913).
5. Arnold: Die Milchwirtschaft in Bayern, Beiträge zur Statistik des Königreichs Bayern (Bd. 78).
6. Arnold: Zur Frage der Milchversorgung der Städte (Jahrbücher für Nat.-Ökonomie und Statistik III. Folge, Bd. 41).
7. Berg: Die Milchversorgung der Stadt Karlsruhe. Schr. d. V. f. Soz. Bd. 140. I.
8. Beukemann: Der Milchverbrauch der Städte (1904).
9. Beythien: Die Nahrungsmittelverfälschung, ihre Erkennung und Bekämpfung (1910).
10. Clevisch: Die Versorgung der Städte mit Milch (1909).
11. Dallmeyer: Milchversorgung und Milchkriege der Stadt München (1912).
12. Fuchs: Die Versorgung der Städte mit Milch und Säuglingsmilch.
13. Hecht, Dr. M.: Die badische Landwirtschaft zu Anfang des XX. Jahrhundert (Bad. Abh. VII. Bd. Ergänzungsbd. I).
14. Jahresbericht des bad. Molkereiverbandes für 1912.

15. Kamp: Magermilch oder Vollmilch (1912).
16. Kaup: Ernährung und Lebenskraft der ländlichen Bevölkerung (1910).
17. Lindemann, Schwander, Südekum: Kommunales Jahrbuch (besonders Jahrgang 1911/12).
18. Lindemann: Die Deutsche Städteverwaltung (1896).
19. Mayer: Zur Milchteuerung 1911. (Als Manuskript gedruckt Nürnberg 1911).
20. Mülhaupt: Der Milchring (Volksw. Abh. Bad. Hochschulen N. F. Heft 9).
21. Schneider: Eisenbahn und Landwirtschaft im Großherzogtum Baden (Volksw. Abh. Bad. Hochsch. X. Bd. H. 3).
22. Schott: Die großstädtischen Agglomerationen des Deutschen Reiches von 1871 bis 1910 (1912).
23. Schreiber: Die gesetzliche Regelung des Milchverkehrs in Deutschland (1912).
24. Sommerfeld: Handbuch der Milchkunde (1910).
25. Spiegel: Kommunale Milchversorgung (Schriften d. V. f. Sozialpolitik Bd. 28).
26. Stadtverwaltung Stuttgart: Bericht über die Milchversorgung von Stuttgart (1913).
27. Stehr: Alkoholgenuß und wirtschaftliche Arbeit (1904).
28. Thünen: Der isolierte Staat (Neuaufl. v. Waentig nach der 2. Aufl. v. 1850).
29. Wilharm: Die Milchversorgung von Heidelberg (Diss. 1905).
30. Zeitungen und Zeitschriften.

Einleitung: Das statistische Material.

Dem Charakter dieser Arbeit entspricht es, zuerst einige kurze Worte über das statistische Material zu sagen, das der Darstellung zugrunde liegt.

In den Monaten September und Oktober des Jahres 1910 wurden auf Veranlassung des Direktors des Statistischen Amtes der Stadt Hamburg, Dr. Beukemann, in einer Anzahl größerer deutscher Städte — darunter auch Mannheim — Erhebungen über die Milchversorgung vorgenommen. Es handelte sich dabei darum, ein Bild der Milchversorgung an einem Zähltage zu gewinnen. Demgemäß können die Resultate nicht ohne weiteres als Durchschnittsdaten angesehen werden. Immerhin ist diese erste großzügige Erhebung wohl imstande, Licht in das Dunkel, in das bis jetzt fast überall gerade diese Frage gehüllt war, zu bringen.

Da es besonders wichtig ist, über die jährlich auf dem Bahnwege in die Städte gelangenden Milchmengen, über deren Herkunft wie über zeitliche Schwankungen in der Zufuhr vergleichbare Aufschlüsse zu erhalten, so unternahm es der Deutsche Milchwirtschaftliche Verein, Zusammenstellungen darüber bei den maßgebenden Behörden zu bewirken. Die Ergebnisse dieser Untersuchung sind in der Zeitschrift des K. Preuß. Statist. Landesamts 53. Jahrgang 1913 für 41 deutsche Großstädte veröffentlicht worden, während, was bei dem großen Umfang dieser Arbeit nicht zu verwundern ist, die Resultate der Beukemannschen Erhebung noch nicht im Druck erschienen sind. Nur vom Münchener städtischen Statistischen Amt ist für diese Stadt eine besondere Bearbeitung des Materials vorgenommen worden, die durchaus monographischen Charakter trägt. Durch gütige Vermittlung des Direktors des Statistischen Amtes der Stadt Mannheim, Prof. Dr. Schott, überließen Dr. Beukemann wie auch der Milchwirtschaftliche Verein der Verfasserin dieser Abhandlung das für Mannheim in Frage kommende Urmaterial zur Bearbeitung.

Manchem mag, da doch schon amtlicherseits die Ausarbeitung des Stoffes für alle in Betracht kommenden Städte erfolgt und zum Teil auch schon veröffentlicht wurde, das Unterfangen der Verfasserin wenn nicht gerade unbescheiden, so doch ziemlich nutzlos erscheinen. Daher möge es gestattet sein, kurz darauf hinzuweisen, weshalb wir es für zweckmäßig hielten, dennoch eine getrennte Bearbeitung des Stoffes für Mannheim in Form einer Monographie vorzunehmen. Zunächst war dies aus technischen Gründen geboten, da es der Verfasserin nicht möglich gewesen wäre, nach so kurzer Zeit — die Nachweisungen für den Milchwirtschaftlichen Verein umfassen das Jahr 1911 — ohne einen in diesem Fall durchaus unwirtschaftlichen Aufwand von Kraft und Zeit, eine neue Aufnahme zu veranstalten. Davon abgesehen aber wird zu erwarten sein, daß in der großen Arbeit Beukemanns die Verhältnisse in einer einzelnen Stadt nicht mit der Ausführlichkeit behandelt werden, die im Rahmen einer Spezialarbeit möglich ist. Dasselbe trifft für die Veröffentlichung des Preußischen Statistischen Landesamtes zu. Der Verfasser, Dr. Erich Petersilie, mußte sich auch darauf beschränken, die für den Vergleich der Städte untereinander wichtigsten Aufschlüsse zu geben. Noch ein Punkt muß hervorgehoben werden. Die genauere Kenntnis örtlicher Verhältnisse ermöglicht eine bessere Beurteilung des Materials und seiner Grenzen. So konnte die Verfasserin feststellen, daß der Erhebung des Milchwirtschaftlichen Vereins eine Unvollständigkeit anhaftet; sie berücksichtigt nämlich nur die Staatsbahnen, während man nicht daran gedacht hat, auch die Privatbahnen in den Kreis der Untersuchung einzubeziehen, was bei einer genaueren Kenntnis der speziellen süddeutschen Verhältnisse — für norddeutsche Städte kommen diese Bahnen wohl weniger in Betracht, wie aus einer Mitteilung des Milchwirtschaftlichen Vereins an die Verfasserin hervorgeht — sicherlich geschehen wäre und bei einer für die nächste Zeit vorgesehenen zweiten derartigen Untersuchung auf Grund der Mannheimer Erfahrung auch getan werden wird.

Es bleibt uns noch übrig, einige Worte über die von uns vorgenommene statistische Bearbeitung zu sagen. Zu den Tabellen über die Eigenproduktion, Zufuhr auf Landstraßen und den Milchhandel wurde das Beukemannsche Material benutzt, während die Darstellung der Milchzufuhr auf dem Bahnwege auf Grund der Nachweisungen des Milchwirtschaftlichen Vereins vorgenommen wurde. Dazu entschlossen wir uns deshalb, weil die Erhebung des Jahres 1911 über die Bahnzufuhr genauere Auskunft gibt, als sie die Beukemannsche Untersuchung, die sich ja nur auf einen Tag beschränkt, gewährt. Um die Vergleichbarkeit mit den von Petersilie für die übrigen Städte mitgeteilten Daten zu wahren, hielten wir es für gut, uns soweit als möglich an das von ihm angewandte Schema zu halten, doch haben wir unsere Tabellen und Übersichten auf Grund eigener Berechnungen durchaus neu hergestellt. Sie stimmen selbstverständlich, soweit sie denselben Stoff in der gleichen Anordnung bringen, mit denen Petersilies überein. Da auch die Milchzufuhr durch die einzige in Betracht kommende Privatbahn in unsere Darstellung einbezogen wurde, ergeben sich naturgemäß an manchen Stellen Differenzen der Endsummen[1].

Eines ist sehr zu bedauern: es fehlt fast jede Möglichkeit dazu, den gegenwärtigen Zustand mit dem vergangener Jahre zu vergleichen. Die einzigen Angaben über die Milchversorgung Mannheims in früherer Zeit sind bei Beukemann in seiner Abhandlung über die Milchversorgung der Städte und in der Wilharmschen Dissertation über die Milchversorgung der Stadt Heidelberg zu finden. Wilharm vergleicht den Milchversand einiger Odenwaldorte nach Heidelberg mit dem derselben Stationen nach Mannheim für das Jahr 1902, während Beukemann über den Anteil von Eigenproduktion, Zufuhr per Achse und Bahnzufuhr auf Grund einer Erhebung aus dem Frühjahr 1903, die wie in einer Anzahl anderer Städte auch in Mannheim vorgenommen wurde, Mitteilungen macht. Doch beruhen allem Anschein nach die dort angegebenen Daten nicht auf sehr genauen Erhebungen, sie können daher nur schwer zu Vergleichen herangezogen werden. Immerhin wird auf sie zurückzukommen sein, da andere Anhaltspunkte für eine vergleichende Darstellung nicht vorhanden sind.

[1] Dankenswerterweise stellte die Oberrheinische Eisenbahngesellschaft eine Zusammenstellung über den Milchversand der einzelnen Stationen der Nebenbahn Mannheim—Heidelberg—Weinheim—Mannheim nach Mannheim im Jahre 1911 nachträglich zur Verfügung.

Erster Teil: Die Deckung des Milchbedarfs.

I. Die Eigenproduktion.

Der Milchbedarf einer Stadt kann auf verschiedene Weisen gedeckt werden — durch Eigenproduktion, ferner durch Zufuhr auf der Landstraße und schließlich durch Bahnzufuhr, die heute an Bedeutung den beiden andern weit überlegen ist. Für einige wenige Städte kommt auch die Schiffszufuhr in Betracht. Von der Möglichkeit des Milchtransports auf dem Wasserwege macht, um dies gleich zu sagen, Mannheim überhaupt keinen Gebrauch, obwohl, worauf Petersilie besonders hinweist, zwei schiffbare Flüsse vorhanden sind. Dies mag zum Teil wohl daher kommen, daß die Orte, für die die Möglichkeit des Schiffstransports in Betracht käme, durch ein gutes Eisenbahnnetz mit Mannheim verbunden sind und es deshalb vorziehen, die Milch mit der Bahn zu versenden, da die Beförderung zu Schiff sich bei den in Frage kommenden Mengen kaum billiger stellen würde, und die Benützung des Wasserweges dadurch erschwert ist, daß Schiffstransporte oft unregelmäßig eintreffen, während man gerade bei der Milch darauf angewiesen ist, daß sie stets zur gleichen Zeit eintrifft. Ferner kommt der Versand auf dem Rhein in der Hauptsache nur für Orte in Frage, die nördlich von Mannheim liegen; es müßte also die Zufuhr stromaufwärts erfolgen, wodurch ein außerordentlicher Zeitverlust gegenüber dem Bahntransport eintreten würde.

Die Eigenproduktion verliert zusehends an Bedeutung. Die Gründe dafür sind nicht allzu schwer zu finden. Innerhalb der Städte wird der Boden ständig teurer, so daß die Errichtung eines Stalles mit unverhältnismäßig hohen Kosten verknüpft ist, der Umkreis wird immer stärker urbanisiert, so daß die Gelegenheit, das Vieh auf grüne Weide zu treiben, immer seltener wird. Dazu kommt noch, daß es sehr schwer hält, geeignetes Stallpersonal zu beschaffen, die Pflege der Tiere, wie der Stalldienst überhaupt, werden als unangenehm empfunden und daher andere Erwerbsgelegenheiten vorgezogen. Die Untersuchungen, die in jüngster Zeit vorgenommen wurden, ergeben alle, daß die Eigenproduktion weit geringer ist, als die Zufuhr auf Landstraßen oder gar auf dem Bahnwege.

Für eine so ausgeprägte Industriestadt wie Mannheim kann a priori die gleiche Vermutung ausgesprochen werden, deren Richtigkeit durch die Statistik bestätigt wird. Diese kann allerdings in unserm Falle nur über die Gegenwart Auskunft geben, sie bleibt stumm auf die Frage, wie war es früher? Wir erfahren nur durch Beukemann, daß Mannheim 1903 bei einer Einwohnerzahl von 151 000 eine Eigenproduktion von 5330 l im Tagesdurchschnitt aufzuweisen hatte, während auf der Landstraße 11 240 l eingeführt wurden, und die Bahn 39 900 l hierher transportierte; es wurden also von dem gesamten täglichen Bedarf nur rund 9 % durch Eigenproduktion, dagegen 20 % durch Zufuhr per Achse und 71 % durch Eisenbahnzufuhr gedeckt.

Damals war die Eigenproduktion in Mannheim durchschnittlich geringer als in einer Anzahl anderer Städte der gleichen Größenklasse. Nach der Beukemannschen Einteilung in größte Städte (über 250 000 Einwohner), Großstädte (über 100 000—250 000 E.), Mittelstädte (50 000—100 000 E.) und kleinere Städte (unter 50 000 E.) gehört Mannheim zur Gruppe der Großstädte, die zehn Städte umfaßt, und für die sich die Verhältniszahlen 14,0 %, 42,0 % und 44,0 % für Eigenproduktion, Zufuhr per Achse und Bahnzufuhr ergeben.

Die Ergebnisse der Erhebung vom 29. September 1910 sind, soweit sie die Eigenproduktion betreffen, in der folgenden Übersicht (I.) niedergelegt.

I. Die Milchproduktion im Stadtgebiet am 29. September 1910.

1. Zahl der Kuhställe und Kühe.

Stadtteile	Zahl der Ställe	Zahl der Kühe	Von den Kuhstallbesitzern hatten . . . . Kühe							
			1	2	3	4	5	über 5 bis 10	über 10 bis 20	über 20 bis 30
Mannheim-Altstadt	9	44	3	3	—	—	1	1	—	1
Käfertal	82	223	11	30	18	18	4	1	—	—
Neckarau	68	144	17	30	17	4	—	—	—	—
Feudenheim . .	94	250	11	40	25	13	2	3	—	—
Mannheim insgesamt	253	661	42	103	60	35	7	5	—	1

2. Die erzeugte Milchmenge.

Stadtteile	Zahl der Ställe	Davon hatten eine Tageserzeugung von ..... Litern													Gesamtmenge der Milch (l)
		bis 5	über 5 bis 10	über 10 bis 20	über 20 bis 30	über 30 bis 40	über 40 bis 50	über 50 bis 60	über 60 bis 70	über 70 bis 80	über 80 bis 90	über 90 bis 100	über 100 bis 200	über 200 bis 300	
Mannheim-Altstadt	9	3	1	2	—	—	—	—	—	—	1	1	—	1	502
Käfertal	82	9	25	35	12	1	—	—	—	—	—	—	—	—	1120
Neckarau	68	16	28	22	2	—	—	—	—	—	—	—	—	—	706
Feudenheim . . .	94	11	17	37	16	7	5	1	—	—	—	—	—	—	1700
Mannheim insgesamt	253	39	71	96	30	8	5	1	—	—	1	1	—	1	4028

Aus Tabelle I geht hervor, daß am Zähltag in Mannheim 253 Ställe mit zusammen 661 Kühen vorhanden waren. Aus der Gliederung nach Stadtteilen ergibt sich, daß in der Altstadt selbst nur noch neun Betriebe zu finden waren, während alle andern in den Vororten anzutreffen waren. Unter diesen steht an erster Stelle das erst 1910 eingemeindete Feudenheim, das gegenüber Käfertal und Neckarau noch einen überwiegend ländlichen Charakter aufweist. Die Gruppierung nach der Zahl der Kühe ergibt, daß es sich in den meisten Fällen um Kleinbetriebe handelt. Über 20 Kühe zugleich sind nur in einem einzigen Stalle in der Altstadt vorhanden. Die übrigen weisen durchweg einen Bestand von weniger als zehn Kühen auf. Am zahlreichsten sind die Ställe, die zwei bzw. drei Kühe beherbergen, ihre Zahl beträgt 103 resp. 60. In 42 Ställen war je eine Kuh vorhanden, 35 Besitzer hielten je vier Tiere, Ställe mit je fünf Kühen waren dagegen nur sieben zu zählen. Noch geringer ist die Zahl der Betriebe mit je über fünf bis zehn Kühen, nämlich es gibt derer nur fünf. Von größerer Bedeutung als die Zahlen über Kühe und Kuhställe sind die Ziffern, die für die Produktion berechnet wurden. Diese betrug im ganzen am Zähltage 4028 l. Davon wurden in Feudenheim 1700 l erzeugt, in Käfertal 1120, in Neckarau 706 und in der Altstadt 502. Die geringe Milcherzeugung in Neckarau ist wohl darauf zurückzuführen, daß dort die Zahl der Kühe, die infolge von Trächtigkeit nur sehr wenig Milch gaben, größer war als in den anderen Stadtteilen.

Der Rückgang der Produktion gegenüber dem Jahre 1903 ist so stark — er beträgt über 1000 l —, daß er nicht allein auf die Verschiedenartigkeit der Erhebungsmethoden zurückgeführt werden kann, sondern daß er als ein tatsächlicher bezeichnet werden muß. Während die Stadt an Einwohnerzahl bedeutend zunahm, ist die Eigenerzeugung von Milch geringer geworden, so daß ihre relative Abnahme noch stärker ist, als es die absolute Zahl ausdrückt. Ein neuer Beleg für den Beukemannschen Satz, daß „die Eigenproduktion mit der Größe der Städte relativ abnimmt"[1].

Ja, es scheint sogar, als ob das Jahr 1910 im Vergleich zu den vorhergehenden und den beiden nächsten Jahren besonders günstige Verhältnisse für die Eigenproduktion bot, so daß wir unser Ergebnis als anormal hoch bezeichnen müssen. Aus der Statistik[2] über den Viehstand Mannheims ergibt sich nämlich für die einzelnen Jahre seit 1902 folgendes über die Zahl der vorhandenen Kühe:

1902	1903	1904	1905	1906	1907	1908	1909	1910	1911	1912
627	631	672	625	596	542	513	528	664	573	568

Demnach ist bis zum Jahre 1904 ein allgemeines Wachstum des Kuhbestandes zu konstatieren, in den nächsten Jahren sinkt die Zahl allmählich; 1908 wird das Minimum erreicht; auf eine geringe Zunahme im Jahre 1909 erfolgt 1910 eine starke Vermehrung um über 100 Kühe, so daß das Maximum fast wieder erreicht wird, aber schon im nächsten Jahre tritt ein empfindlicher Rückgang ein, der auch 1912 anhält. Worauf ist das plötzliche Anwachsen des Kuhbestandes im Jahre 1910 und der schon im nächsten Jahre eintretende bedeutende Rückgang zurückzuführen? Die Antwort ist nicht allzu schwer aus der Chronik Mannheims zu entnehmen, die von der Eingemeindung des Ortes Feudenheim im Jahre 1910 berichtet. Dadurch werden von da ab natürlich auch die dort gehaltenen Kühe in der Mannheimer Statistik aufgezählt. Diese Vermehrung war aber nur ein einmaliges Ereignis, durch das der allgemeine Rückgang nicht aufgehalten werden konnte. Im Gegenteil, der vorher ländliche Ort wird mehr und mehr urbanisiert, so daß auch dort die Landwirtschaft und damit die Kuhhaltung immer mehr zurückgeht. Von den Eingemeindungen des Jahres 1913 wird wohl nur die von Sandhofen eine absolute Erhöhung der

[1] Siehe Beukemann: S. 109.

[2] Mannheimer statistisches Taschenbuch 1913.

Eigenproduktion mit sich gebracht haben. Dort ist noch eine relativ starke Milchproduktion vorhanden — nach unsern Erkundigungen etwa 1500 l täglich. Die Rheinau dagegen ist ein noch ausgeprägterer Industrieort als Sandhofen, sie weist daher auch nur eine unbedeutende Milchproduktion auf.

Aus alledem ergibt sich, daß die Eigenproduktion in Zukunft an Bedeutung weiter verlieren wird, und die Zeit ist nicht mehr allzu fern, in der sie so gut wie ganz verschwunden sein wird.

II. Die Milchzufuhr auf Landstraßen.

„Außer den feineren Gartengewächsen ist die Milch eines der notwendigsten Bedürfnisse der Stadt, deren Erzielung in diesem ersten Kreise geschehen muß: denn die Milch ist nicht bloß sehr schwierig und kostbar zu transportieren, sondern sie wird auch, besonders bei großer Hitze, nach wenigen Stunden ungenießbar und kann deshalb aus größeren Entfernungen nicht zur Stadt gebracht werden", so schrieb Thünen in seinem Werke[1] „Über den isolierten Staat". Er wies also dem ersten Ring, dem der „freien Wirtschaft", die Deckung des Milchbedarfs einer Stadt zu. Als aber die Städte sich ausdehnten und ihr Bedarf wuchs, so daß die Erzeugung dieses ersten Ringes nicht mehr ausgereicht hätte, ihre Anforderungen zu befriedigen, da kamen auch schon Hilfstruppen: die Eisenbahn, die es ermöglichte, Milch in verhältnismäßig kurzer Zeit aus größerer Ferne zu beziehen, und die moderne Technik, die dafür sorgte, daß durch geeignete Behandlung die Ware ihre Frische und Reinheit behielt. So erklärt es sich, daß die Bedeutung der Landstraße für die Milchversorgung der Städte immer geringer wurde. Dazu kommt noch, daß in der Gegenwart, die das Schlagwort „Zeit ist Geld" geprägt hat, auch die Landwirte den Wert ihrer eigenen Arbeitskraft und der ihres Personals, der durch die oft 2—3 Stunden in Anspruch nehmende Fahrt nach der Stadt verloren wird, so hoch einschätzen, daß sie lieber da, wo die Entfernung ihres Gutes von der nächsten Station nicht schon an sich sehr bedeutend ist, es vorziehen, die Milch mit der Bahn zu versenden, was natürlich mit sich bringt, daß sie die Verbindung mit den Konsumenten aufgeben und ihre Ware dem Händler zum Verkauf überlassen. Immerhin sind

[1] Thünen: S. 13. (Neudruck d. 2. Auflage von Wäntig).

an allen Orten noch Spuren der guten alten Zeit zu finden, so auch in Mannheim, wie folgende Übersicht zeigt:

II. Milchzufuhr auf Landstraßen.

Eingeführte Milchmengen.

Versandstation	Entfernung (km)	Menge der eingeführten Milch (l)
Seckenheim	8	1465
Ludwigshafen	—	835
Dannstadt	14	835
Hüttenfeld	18	530
Viernheim	12	523
Heddesheim	11	500
Schauernheim	13	365
Sandhofen	8	290
Neuhofen	8	255
Straßenheimerhof	12	250
Scharhof	10	200
Wallstadt	7	191
Summe		6239

Es wurden also am Zähltage rund 6200 l eingeführt. Auch bei dieser Zahl ist es schwer zu sagen, ob sie dem Durchschnitt entspricht. Wenn man annimmt, daß die Einfuhr auf Landstraßen denselben Schwankungen unterworfen ist, wie die Eisenbahnzufuhr, so muß man die Septembermenge als etwas unter dem Durchschnitt stehend ansehen. Es ist also nicht zu hoch gegriffen, wenn man annimmt, daß die jährlich auf Landstraßen eingeführte Milchmenge zwischen $2^1/_4$ bis $2^1/_2$ Millionen Liter beträgt, eine Quantität, die im Verhältnis zur Eisenbahnzufuhr recht gering ist, aber die Eigenproduktion von rund $1^1/_2$ Millionen Liter übertrifft.

Ziehen wir wiederum das Jahr 1903 zum Vergleich heran, so ergibt sich, daß der *Rückgang der Einfuhr auf dem Landwege stärker ist, als der der Eigenproduktion*, denn während diese um etwa 25 % gesunken ist, hat jene um mindestens 40 % abgenommen.

Gruppiert man die Orte nach den Milchmengen, die sie täglich nach Mannheim liefern, so erkennt man die überragende Bedeutung Seckenheims, auf das erst im weiten Abstand Ludwigshafen und Dannstadt folgen. Mannheims Schwesterstadt kommt hauptsächlich für die Lieferung von Kindermilch, d. h. einer Vorzugsmilch, die in amtlich kontrollierten Ställen bei Trockenfütterung erzeugt wird, in Betracht. Unter den übrigen Orten befinden sich außer Sandhofen, Neuhofen, Scharhof, Schauernheim und Wallstadt nur solche, die auch größere Mengen Milch mit der Bahn nach Mannheim senden. Wahrscheinlich wohnen die wenigen Produzenten aus diesen Orten, die noch per Achse ihre Milch nach Mannheim bringen, weit ab von der Bahn, sonst würden sie sich ihrer wohl bedienen. Besonders wird das Ebengesagte für den 18 km entfernten Ort Hüttenfeld zutreffen, es wäre sonst unbegreiflich, warum bei einer solchen Entfernung nicht der Bahntransport vorgezogen wird.

Aus den angeführten Daten geht zur Genüge hervor, daß tatsächlich die Milchzufuhr auf Landwegen nicht sehr groß ist. Daß sie in Zukunft noch geringer werden wird, unterliegt keinem Zweifel. Rein formal wird sich dies schon daraus ergeben, daß Sandhofen und Scharhof als eingemeindete Orte nunmehr zu Mannheim gerechnet werden.

III. Die Milchzufuhr durch die Eisenbahn.

A. Der Tarif.

Weitaus am wichtigsten für die Versorgung einer Stadt mit Milch ist heute die Eisenbahn. Sie erst ermöglicht den Milchbezug aus größerer Ferne, der heute zur Notwendigkeit geworden ist. Schnelligkeit, Regelmäßigkeit des Eintreffens der Sendungen sind die Hauptvorzüge des Eisenbahnverkehrs. Für den Verkehr mit Milch kommen in erster Linie staatliche Bahnen in Betracht, daneben aber auch besonders für einige süddeutsche Städte — darunter auch Mannheim — Privatbahnen. Beide verlangen selbstverständlich für die Beförderung der Milch eine Vergütung, deren Höhe tarifarisch festgesetzt ist.

Da die Tariffrage sehr wichtig ist, und erst vor kurzem wiederum ein Streit über die beste Form eines Milchtarifs in Baden entbrannt ist, so sollen unserer Darstellung der Versorgung Mannheims mit Milch auf dem Bahnwege einige orientierende Bemerkungen darüber vorausgeschickt werden. Da die historische Entwicklung des badischen Milchtarifs in der Bergschen Arbeit ausführlich behandelt worden ist, so kann die vorliegende Abhandlung sich in diesem Punkte auf die Wiedergabe der dort mitgeteilten wichtigsten Tatsachen beschränken.

Etwa 30 Jahre nach der Eröffnung der ersten badischen Bahnlinie, der Verbindung Mannheim—Heidelberg, wurden die ersten Bestimmungen über Milchtransporte in Baden erlassen. Sie stammen aus dem Jahre 1868. Die Fracht war damals sehr mäßig, sie wurde berechnet nach dem Tarif für Reisegepäck, und zwar wurde nur ein Drittel des wirklichen Gewichts in Ansatz gebracht; die Maximaltaxe betrug 3 Kreuzer, während als Mindestquantum 20 badische Maß (1 Maß = $1^1/_2$ l) festgesetzt wurden. 5 Jahre darauf erfolgte eine Erhöhung der Taxe insofern, als die Minimalfracht von nun ab 12 Kreuzer betrug. Zu gleicher Zeit wurde aber eine Ermäßigung dadurch herbeigeführt, daß bestimmt wurde, die Rückfracht leerer Gefäße erfolge frachtfrei. Im nächsten Jahre wurden die ersten Abonnementsbedingungen erlassen. Eine weitere Erleichterung bedeutete es, als 1884 bestimmt wurde, daß die mehrmalige tägliche Anlieferung eines Abonnenten nur als ein Abonnement zu betrachten sei. Da nun nicht mehr für jede Teillieferung eine Mindestmenge berechnet werden mußte, so brachte diese Verfügung tatsächlich nicht unbedeutende Vorteile für den Verfrachter mit sich. Gleichzeitig trat eine allgemeine Tarifermäßigung für Entfernungen von 21 km ab in Kraft. Ein weiterer Erlaß bestimmte, daß Milchabonnements zugelassen wurden für Milch, die in Flaschen abgefüllt in Kisten zum Versand kam; dabei wurde ein Liter Milch zu 2 kg berechnet, keine Kiste durfte mehr als 25 Flaschen zu je 1 l enthalten. Im Laufe der Zeit hat es sich als nötig erwiesen, daß zur Versorgung der größeren Städte auch Orte aus Nachbarstaaten herangezogen wurden. Die Bahnverwaltungen wurden dieser Entwicklung dadurch gerecht, daß 1885 durch Vereinbarung das Abonnement auch im Verkehr Badens mit Württemberg und später der bayerischen Pfalz und dem Elsaß eingeführt wurde. Die Fracht betrug die Hälfte der Expreßfracht. Zur schnelleren Beförderung wurde die Milch als Expreßgut eingeschrieben. Ein Mindestquantum von 500 l = 500 kg monatlich wurde anfangs der 90er Jahre in Baden, der Pfalz und dem Elsaß für die Gewährung von Abonnementsbedingungen gefordert. Von den neuen Vorschriften, die für die Beförderung von Milch im Abonnement 1889 erlassen wurden, sind besonders die hervorzuheben, die bestimmten, daß von nun ab für die Beförderung der Milch bestimmte Züge benutzt werden mußten, und daß der Transport in sogenannten (mit Luftleitung versehenen) Milchsammelwagen zu erfolgen habe. Da das Ein- und Ausladen der Kannen an größeren Plätzen nicht selten verkehrsstörend wirkte, so wurden bei diesen Stationen besondere Milchverladeplätze angelegt.

20 Jahre darauf, im Jahre 1909, wurden neue, in der Hauptsache noch heute maßgebende Vorschriften für die Beförderung von Milch in Dauerbezug erlassen, die wir im folgenden näher erörtern wollen. In bezug auf die Gefäße wurde folgendes bestimmt: sie müssen handlich und mit festem Verschluß versehen sein. Der Fassungsgehalt darf 40 l nicht überschreiten, die Höhe der Gefäße nicht über 75 cm betragen. Gefäße unter 5 l Fassungsgehalt dürfen nur in Kisten versandt werden. Die Behälter müssen mit Messingschildern versehen sein, aus denen die Namen des Absenders und Empfängers, die Versand- und Empfangsstation, Eigengewicht und Fassungsgehalt der Gefäße

zu ersehen sind. Den Sendungen sind Versandscheine beizulegen, die den Versendern unentgeltlich geliefert werden. Anlieferung und Ausladung sind Sache des Versenders bzw. des Empfängers geblieben; in Ausnahmefällen ist die Mithilfe des Eisenbahnpersonals gestattet, doch ist die Bahn nicht haftpflichtig für Schaden, der etwa beim Ein- und Ausladen erfolgt. Die Bahnbehörde bestimmt, wann die vollen Kannen frühestens angeliefert, wann die leeren spätestens abgeliefert sein müssen; sie schreibt auch vor, wann das Abholen spätestens beendet sein muß. Werden diese Zeiten überschritten, so wird entweder Standgeld erhoben, oder der Versand erfolgt gegebenenfalls als Expreßgut, wofür dann die reguläre Expreßgutfracht zu entrichten ist. Das Gewicht wird an Hand der Aufschriften ermittelt. Bei gefüllten Gefäßen wird die angegebene Literzahl als ebensoviel Kilogramm berechnet, so daß das Gewicht der Kannen nicht mit einbezogen wird, diese also frachtfrei befördert werden. Bei gefüllten, in Kisten eingestellten Flaschen wird der Berechnung das auf dem Deckel angegebene Höchstgewicht der Kiste mit gefüllten Flaschen zugrunde gelegt. Es wird keine Rücksicht darauf genommen, ob die Kannen oder Kisten ganz oder nur teilweise gefüllt sind. Bei der Rückfracht der leeren Kannen oder Kisten mit leeren Flaschen wird der Frachtberechnung das angeschriebene Eigengewicht der Gefäße und das angegebene Höchstgewicht der Kisten mit leeren Flaschen zugrunde gelegt. Zur Vereinfachung der Abfertigung wurde Anfang 1912 bestimmt, daß das Eigengewicht der leeren Kannen von nun ab mit $33^{1}/_{3}\,\%$ der angeschriebenen Literzahl berechnet werde, und das Eigengewicht der leeren Kisten mit $66^{2}/_{3}\,\%$ des angeschriebenen Höchstgewichts der Kisten mit gefüllten Flaschen. Da der Frachtberechnung nur die Hälfte des so gefundenen Gewichts zugrunde gelegt wird, so ergibt sich, daß das frachtpflichtige Gewicht der leeren Kannen ein Sechstel, das der Kisten mit leeren Flaschen ein Drittel des Gesamtgewichts beträgt.

Die Rechnungen werden monatlich auf Grund der Milchversandscheine gestellt; alle Hin- und Rücksendungen werden darin einzeln aufgeführt. Bis zu einem Höchstbetrage von 100 Mk. wird die Fracht monatlich gestundet. Die Beförderung erfolgt in Eil- oder Personenzügen.

Über die Höhe der einzelnen Frachtsätze, die erst von 100 km ab nach dem Tarif der gewöhnlichen Stückgutklassen berechnet werden, orientiert Übersicht III (s. S. 13). Für Mannheim ist es besonders wichtig hervorzuheben, daß der Tarif der Badischen Main—Neckarbahn von dem Tarif der übrigen Badischen Staatsbahnen insofern abweicht, als er für Entfernungen von 11—22 km etwas teurer und für die Zonen von 26—74 km billiger ist als jener. Für weitere Entfernungen sind die Tarife beider Bahnen gleich, nur für die von 99 und 100 km ist die Main-Neckarbahn wieder etwas billiger. Außerdem sei noch darauf aufmerksam gemacht, daß im Verkehr mit Preußen und Hessen bis zu 40 km etwas höhere Frachtsätze zu zahlen sind, als im Binnenverkehr der Badischen Staatsbahnen, sofern nicht besondere Stationstarife eingeführt sind. Aus Übersicht IV (s. S. 14) geht hervor, daß die Beförderung von Milch im Abonnement, die ja in Eil- und

Personenzügen erfolgt, für Entfernungen von 10—500 km um die Hälfte billiger ist als die Beförderung der übrigen Güter in diesen Zügen.

III. Tarifsätze für Milchbeförderung[1].

Entfernung km	Taxe für 100 kg in Mark[2] a	b	c	Entfernung km	Taxe für 100 kg in Mark a	b	c	Entfernung km	Taxe für 100 kg in Mark a	b	c	Entfernung km	Taxe für 100 kg in Mark a	b	c
1	0,11	0,11	0,21	26	0,42	0,41	0,49	51	0,76	0,71	0,76	76	1,01	1,01	1,01
2	0,12	0,12	0,22	27	0,43	0,42	0,50	52	0,77	0,72	0,77	77	1,02	1,02	1,02
3	0,13	0,13	0,23	28	0,45	0,43	0,51	53	0,78	0,73	0,78	78	1,03	1,03	1,03
4	0,14	0,14	0,24	29	0,46	0,44	0,52	54	0,79	0,74	0,79	79	1,04	1,04	1,04
5	0,16	0,16	0,26	30	0,48	0,45	0,53	55	0,80	0,76	0,80	80	1,05	1,05	1,05
6	0,17	0,17	0,27	31	0,50	0,47	0,54	56	0,81	0,77	0,81	81	1,06	1,06	1,06
7	0,18	0,18	0,28	32	0,51	0,48	0,55	57	0,82	0,78	0,82	82	1,07	1,07	1,07
8	0,19	0,19	0,29	33	0,53	0,49	0,56	58	0,83	0,79	0,83	83	1,08	1,08	1,08
9	0,20	0,20	0,30	34	0,54	0,50	0,57	59	0,84	0,80	0,84	84	1,09	1,09	1,09
10	0,21	0,21	0,31	35	0,56	0,52	0,59	60	0,85	0,80	0,85	85	1,10	1,10	1,10
11	0,22	0,23	0,32	36	0,58	0,53	0,60	61	0,86	0,83	0,86	86	1,11	1,11	1,11
12	0,23	0,24	0,33	37	0,59	0,54	0,61	62	0,87	0,84	0,87	87	1,12	1,12	1,12
13	0,24	0,25	0,34	38	0,61	0,55	0,62	63	0,88	0,85	0,88	88	1,13	1,13	1,13
14	0,25	0,26	0,35	39	0,62	0,56	0,63	64	0,89	0,86	0,89	89	1,14	1,14	1,14
15	0,27	0,28	0,37	40	0,64	0,57	0,64	65	0,90	0,86	0,90	90	1,15	1,15	1,15
16	0,28	0,29	0,38	41	0,65	0,59	0,65	66	0,91	0,89	0,91	91	1,16	1,16	1,16
17	0,29	0,30	0,39	42	0,66	0,60	0,66	67	0,92	0,90	0,92	92	1,17	1,17	1,17
18	0,30	0,31	0,40	43	0,67	0,61	0,67	68	0,93	0,91	0,93	93	1,18	1,18	1,18
19	0,31	0,32	0,41	44	0,68	0,62	0,68	69	0,94	0,92	0,94	94	1,19	1,19	1,19
20	0,32	0,33	0,42	45	0,70	0,64	0,70	70	0,95	0,93	0,95	95	1,20	1,20	1,20
21	0,34	0,35	0,43	46	0,71	0,65	0,71	71	0,96	0,95	0,96	96	1,21	1,21	1,21
22	0,35	0,36	0,44	47	0,72	0,66	0,72	72	0,97	0,96	0,97	97	1,22	1,21	1,22
23	0,37	0,37	0,45	48	0,73	0,67	0,73	73	0,98	0,97	0,98	98	1,23	1,22	1,23
24	0,38	0,38	0,46	49	0,74	0,68	0,74	74	0,99	0,99	0,99	99	1,24	1,23	1,24
25	0,40	0,40	0,48	50	0,75	0,69	0,75	75	1,00	1,00	1,00	100[3]	1,25	1,24	1,25

[1] Siehe Berg: Milchversorgung der Stadt Karlsruhe, Seite 40.

[2] Der Tarifsatz in Spalte ist anwendbar

- a im Binnenverkehr der Bad. Staatsbahnen und im direkten Verkehr mit den Bad. Nebenbahnen im Privatbetrieb.
- b im Binnenverkehr der Bad. Main-Neckar-Eisenbahn, einschließlich des Verkehrs mit Mannheim.
- c im direkten Verkehr mit den Reichseisenbahnen in Elsaß-Lothringen, den Pfälzischen Bahnen und den Preuß.-Hess. Staatseisenbahnen, soweit die in den betreffenden Gütertarifen enthaltenen Stationstarife für einzelne Verbindungen nicht andere Frachtsätze enthalten.

[3] Für Entfernungen über 100 km sind die Sätze der allgemeinen Stückgutklasse der allgemeinen Kilometertabelle anzuwenden.

IV. Frachtsätze für 100 l = 100 kg Milch [1].

Eilguttarif.

Entfernung km	a. im allgemeinen ₰	b. für Milch, Rahm ₰	Tarif für landwirtschaftliche Erzeugnisse ₰
10	42	21	30
20	64	32	40
30	96	48	50
40	128	64	60
50	150	75	80
60	170	85	90
70	190	95	100
80	210	105	110
90	230	115	120
100	250	125	130
110	270	135	140
120	290	145	150
130	310	155	160
140	330	165	170
150	350	175	180
160	370	185	190
170	390	195	200
180	410	205	210
190	430	215	220
200	450	225	230
250	540	240	270
300	630	315	315
350	710	355	355
400	790	395	395
450	860	430	430
500	930	465	465

Vergleicht man die tatsächlichen Frachten für 500 l Milch [2] einschließlich der Rückbeförderung der Gefäße, so ergibt sich, daß im Gebiet der Badischen Staatsbahnen die Fracht für Entfernungen bis 100 km etwas höher ist als im Elsaß, in der Pfalz und in Preußen (Hessen), von da ab, infolge der Übereinstimmung der Frachtsätze, gleich hoch ist. Im Vergleich zu Württemberg ist der Milchversand in Baden durchweg billiger. Es macht sich hier besonders der Umstand geltend, daß in Württemberg zwar die Rückbeförderung der Gefäße frachtfrei erfolgt, aber für die gefüllten Kannen ein Gewicht von $1^1/_2$ kg für den Liter Milch in Ansatz gebracht wird, so daß dadurch die Fracht nicht unwesentlich verteuert wird. In Bayern ist die Fracht auf Entfernungen von 1—25 km und 70—120 km erheblich teurer als in Baden, auf Entfernungen von 31—60 km und von 120 km an etwas

[1] Entnommen einer Zusammenstellung in den Akten der Stadt Mannheim.

[2] Siehe Berg: S. 158 (Tabelle).

niedriger. Da nach einer Berechnung der Großherzoglich Badischen Eisenbahndirektion 70% der badischen Milchsendungen in den Zonen befördert werden, für die der badische Tarif billiger ist als der bayerische, so ist er diesem vorzuziehen.

In den letzten zwei Jahren sind besonders von Karlsruhe Bestrebungen ausgegangen, eine Reform des badischen Milchtarifs nach der Richtung herbeizuführen, daß die Milch in den Tarif für landwirtschaftliche Erzeugnisse aufgenommen werden soll. Dieser gilt für Butter, Butterschmalz, Käse, Eier, lebendes und totes Geflügel, Honig, frisches Gemüse, Setzlinge aller Art und Feldblumen. Mit der Aufnahme der Milch in diesen Tarif wäre deshalb nichts erzielt, weil die Beförderung in Schnell- und Eilzügen grundsätzlich ausgeschlossen ist, während die Abonnementsmilch in Eilzügen befördert wird. Daher ist im allgemeinen die Beförderung im Abonnement vorzuziehen, so lange nicht für Milch der Versand in Expreßzügen zum gleichen Tarif allgemein gestattet ist. Die Unmöglichkeit, Milch zu gleichen Frachtsätzen wie im Abonnement auch in Expreßzügen befördern zu können, machte sich bis zum vorigen Jahre besonders dann sehr unangenehm geltend, wenn aus irgendeinem Grunde eine Ausnahmesendung rasch an ihrem Bestimmungsort ankommen sollte. Daher hat das Großherzogliche Ministerium Ende 1912 die Generaldirektion der Badischen Staatseisenbahn ermächtigt, die Beförderung einzelner Milchsendungen im Binnenverkehr nach dem Ausnahmetarif für landwirtschaftliche Erzeugnisse als Expreßgut zuzulassen. Sie stellte aber die Bedingungen, daß die Absender und Empfänger das Ein- und Ausladen selbst besorgen oder Hilfe dabei leisten, und daß die Sendungen zur Selbstabholung durch den Empfänger bestimmt sein müssen, was sonst bei Expreßgut nicht verlangt wird. Die Gründe, die die Behörden bestimmten, diese Vorschriften zu erlassen, sind sehr einleuchtend. Die Milch ist verhältnismäßig leicht verderblich, die Zustellung mit den übrigen Gütern könnte nicht immer rasch vor sich gehen, eine besonders rasche Bestellung wäre aber natürlich mit hohen Kosten verknüpft. Durch diese neue Möglichkeit der Milchbeförderung wird der Abonnementstarif wirksam ergänzt, es weist daher der badische Tarif gegenüber dem der andern süddeutschen Staaten erhebliche Vorzüge auf.

B. Die Größe der Bahnzufuhr, insbesondere die Bedeutung der verschiedenen Entfernungszonen.

Zur Orientierung über die Bedeutung der Bahn für die Mannheimer Milchversorgung mag es zunächst dienen, daß im Jahre 1911 21 882 782 l Milch auf dem Schienenwege nach Mannheim befördert wurden. Ruft man sich die Höhe von Eigenproduktion und Zufuhr auf Landwegen ins Gedächtnis zurück, so erkennt man, daß beide demgegenüber eine untergeordnete Rolle spielen. Wenn wir die verschiedenen Ziffern miteinander vergleichen, so sind wir uns der Tatsache bewußt, daß wir dabei nicht ganz korrekt verfahren; denn die Daten über Milchgewinnung innerhalb der Stadtgrenze und Achsenzufuhr beziehen sich auf einen Tag im Jahre 1910, das Material über die Zufuhr auf dem Bahnwege umfaßt das ganze folgende Jahr. Tücke des Objektes! Da jedoch andere Angaben aus der jüngsten Zeit überhaupt fehlen, so begehen wir dennoch den Fehler und nehmen einmal an, die Milchzufuhr auf dem Bahnwege sei im Jahre 1910 gleich groß gewesen, wie im Jahre 1911. (Da 1911 im allgemeinen ein milcharmes Jahr war, so werden trotz der inzwischen gestiegenen Einwohnerzahl die Differenzen nicht allzu groß sein.) Damit die Ungenauigkeit unseres Vergleiches nicht zu groß sei, greifen wir aus dem Jahre 1911 den September, den Monat, in dem im Vorjahre die Zählung stattfand, heraus. Allerdings kann dies nur geschehen für die durch staatliche Bahnen eingeführte Milch, da die Nebenbahn Mannheim-Weinheim nachträglich nur die gesamte jährlich beförderte Menge mitteilte, die 2 294 400 l betrug, daraus ergibt sich ein Tagesdurchschnitt von 6286 l. Zählt man diese Summe zu der übrigen für September berechneten durchschnittlichen täglichen Bahneinfuhr von 51 218 l hinzu, so ergibt sich eine Gesamtmenge von 57 504 l Milch gegenüber einer Eigengewinnung von 4028 l und einer Achsenzufuhr von 6239 l, d. h. es wurden etwa 90 % des ganzen Milchbedarfs im Monat September durch die Bahnzufuhr gedeckt. Berechnet man umgekehrt die Jahresdurchschnitte für Eigengewinnung und Achsenzufuhr für das Jahr 1910 und vergleicht diese mit der gesamten Bahnzufuhr im Jahre 1911, so ergibt sich ungefähr das gleiche Resultat.

Vergleicht man dieses Ergebnis mit dem von Beukemann für 1903 mitgeteilten Resultat, so erkennt man sofort, daß die Bahnzufuhr absolut und relativ gewachsen ist. Es ist dies nach dem, was schon an andern Stellen ausgeführt wurde, nicht zu verwundern.

Gegenüber anderen Großstädten scheint Mannheim eine besonders bedeutende Bahnzufuhr zu haben. Scheint, denn da jeder Vergleich sich auf die Arbeit Petersilies beziehen muß, diese aber nur die staatlichen Bahnen berücksichtigt, so ist es möglich, daß nach der einen oder anderen Stadt so beträchtliche Mengen durch Privatbahnen gebracht werden, daß die angegebenen Summen als zu klein angesehen werden müssen. Jedenfalls muß, so oft im folgenden auf die Angaben Petersilies über andere Städte zurückgegriffen wird, die Nebenbahn Mannheim—Weinheim ausgeschaltet werden, und es können zum Vergleich immer nur die auch bei Petersilie wiedergegebenen Daten über die Zufuhr durch staatliche Bahnen herangezogen werden, aus denen sich eine Gesamtmenge von 19 588 382 l ergibt. Von den anderen Großstädten hatten eine Anzahl größerer eine geringere Eisenbahnzufuhr, ebenso alle kleineren bis auf Altona, von dem Mannheim noch übertroffen wird (siehe Übersicht VI, Seite 22).

Worauf die größere oder geringere Eisenbahnzufuhr der einzelnen Städte zurückzuführen ist, könnte nur bei genauer Ortskenntnis mit Bestimmtheit gesagt werden. Man müßte zum mindesten über die Größe der Eigenproduktion und der Achsenzufuhr orientiert sein, um Schlüsse ziehen zu können. Es wäre einmal möglich, daß diese in den Städten, die im Verhältnis zu ihrer Einwohnerzahl eine geringere Bahnzufuhr aufweisen, als Mannheim, eine größere Bedeutung zukommt, so daß ein Ausgleich geschaffen wäre. Es ist aber auch nicht ausgeschlossen, daß, wovon an anderer Stelle noch zu sprechen sein wird, Mannheim einen höheren Milchkonsum hat, als manche größere Stadt, was sich dann auch in der absolut oder relativ höheren Eisenbahnzufuhr ausdrücken würde.

Darüber, welche Entfernungen die für Mannheim bestimmte Milch durchlaufen muß, orientiert unsere Hauptübersicht V (S. 18—21) und die Übersicht VII, die zugleich über die Milchzufuhr durch die Nebenbahn Aufschluß gibt. Daraus geht hervor, daß die nächsten Versandorte in einem Umkreis von 10 und 11 km liegen[1], während den längsten Weg die Milch aus Basel zurücklegen mußte, da die Strecke Mannheim-Basel 258 km beträgt. Da jedoch die Sendungen aus Basel nur als vorübergehende Aushilfssendungen zu betrachten sind, und jetzt der

[1] Natürlich handelt es sich hier um Güterkilometer, die von den Personenkilometern abweichen.

Entfernung von Mannheim (km)	Es gingen (l) ein					
	Januar	Februar	März	April	Mai	Juni
11	9 360	7 295	7 625	8 644	10 550	10 361
12	—	—	—	—	—	460
13	8 560	7 700	8 550	10 100	12 075	10 290
14	2 792	2 450	2 110	2 005	1 920	1 110
15	21 580	17 890	19 160	15 620	—	15 700
19	2 700	10 740	12 080	11 560	12 510	11 750
Zusammen	**44 992**	**46 075**	**49 525**	**47 929**	**37 055**	**49 671**
22	32 635	29 125	33 640	33 525	35 030	34 170
24	12 960	13 030	14 350	13 390	13 490	11 650
25	2 390	1 440	1 440	3 480	4 410	1 760
26	9 150	8 700	8 990	8 270	8 280	8 700
27	23 870	23 982	26 100	24 635	26 210	25 250
28	15 026	12 298	12 649	12 371	20 678	17 768
29	27 395	23 925	23 055	20 960	20 870	24 980
30	11 240	10 860	11 740	10 500	11 060	11 380
Zusammen	**134 666**	**123 360**	**131 964**	**127 131**	**140 028**	**135 658**
31	40 123	36 302	38 913	37 218	49 926	39 102
32	11 965	11 285	12 560	12 565	13 125	12 930
33	2 400	2 100	1 925	1 525	1 550	1 575
34	28 570	24 639	27 195	26 789	28 830	28 490
35	16 910	15 100	17 110	17 880	19 750	17 630
36	37 815	33 735	33 405	30 095	34 440	38 175
37	12 480	13 100	10 800	14 310	14 570	17 130
38	7 992	5 582	5 460	4 785	5 576	6 760
39	17 970	16 676	15 700	17 070	17 190	19 170
40	640	940	1 180	1 080	—	440
Zusammen	**176 865**	**159 409**	**164 248**	**163 317**	**184 957**	**181 402**
41	18 824	18 006	17 524	21 425	15 150	29 121
42	53 465	53 580	59 565	57 410	62 030	59 520
43	18 940	17 410	21 820	14 070	29 800	15 540
44	54 000	47 455	48 185	42 695	47 745	56 640
45	5 310	10 750	9 690	9 935	15 455	9 760
46	104 493	89 955	90 878	87 859	91 001	84 315
47	26 753	25 050	26 075	24 395	26 444	25 153
48	10 930	10 320	12 330	13 480	13 270	12 820
49	53 065	56 067	46 043	59 664	61 662	61 180
50	16 115	15 015	16 175	16 095	19 735	21 530
Zusammen	**361 895**	**343 608**	**348 285**	**347 028**	**382 292**	**375 579**
51	32 420	23 560	30 410	26 490	24 830	22 760
52	26 557	23 483	20 757	20 278	19 545	24 189
53	83 800	77 470	84 970	78 740	81 720	85 240
54	132 976	124 628	138 951	128 629	142 424	112 141
55	32 125	31 980	37 165	36 645	37 280	49 680
56	4 030	3 115	2 400	2 865	3 975	5 845
57	12 740	12 910	13 035	13 900	14 260	13 650
58	43 740	51 082	45 191	40 458	45 628	42 084
59	25 285	30 947	29 883	26 989	26 683	30 975
60	20 900	18 083	21 668	22 912	26 460	27 500
Zusammen	**414 573**	**397 258**	**424 430**	**397 906**	**422 805**	**414 064**
Zum Übertrag:	**1 132 991**	**1 069 710**	**1 118 452**	**1 083 311**	**1 167 137**	**1 156 374**

im Monat:						Gesamteingang im Jahre 1911 kg (l)
Juli	August	September	Oktober	November	Dezember	
8 668	6 464	4 351	2 690	3 580	700	80 288
120	—	—	—	—	—	580
7 750	5 520	6 600	7 940	9 670	11 200	105 955
795	775	700	725	750	4 250	20 382
14 110	17 445	11 120	13 615	19 025	19 135	184 400
11 340	8 910	9 550	10 290	10 120	10 350	121 900
42 783	**39 114**	**32 321**	**35 260**	**43 145**	**45 635**	**513 505**
26 650	23 675	24 090	24 680	28 410	25 793	351 423
8 860	7 800	7 110	9 580	10 820	11 440	134 480
1 840	3 180	2 230	6 820	11 785	10 635	51 410
8 890	7 410	6 700	6 620	6 130	6 580	94 420
24 210	23 200	25 895	32 510	29 635	28 860	314 357
14 486	11 119	8 106	11 462	10 891	11 046	157 900
27 325	20 920	24 180	24 740	20 175	19 295	277 820
10 820	9 490	5 840	4 350	8 100	8 390	113 770
123 081	**106 794**	**104 151**	**120 762**	**125 946**	**122 039**	**1 495 580**
28 585	25 284	24 736	28 394	32 332	31 908	412 823
13 100	11 040	11 340	11 300	9 475	8 530	139 215
—	—	—	—	—	—	11 075
26 180	24 717	24 950	26 839	26 195	26 805	320 199
17 370	14 990	5 400	5 580	5 400	5 580	158 700
35 215	29 985	25 930	24 667	21 575	20 995	366 032
16 120	13 710	12 450	12 350	8 850	7 790	153 660
5 292	5 075	4 810	5 118	5 115	5 065	66 580
21 160	21 720	17 820	15 130	17 040	18 100	214 746
20	—	—	1 265	3 030	2 460	11 055
163 042	**146 521**	**127 436**	**130 643**	**129 012**	**127 233**	**1 854 085**
25 749	20 699	20 202	23 085	14 300	12 625	236 710
46 940	53 070	63 230	75 510	78 445	68 810	731 575
15 500	12 440	11 040	11 200	8 010	10 110	185 880
54 545	46 210	39 550	38 255	35 680	34 810	545 770
8 940	8 800	7 610	8 920	7 230	8 080	110 480
79 365	70 895	81 900	88 061	88 024	90 790	1 047 536
22 804	19 395	21 624	19 851	20 913	20 105	278 562
14 000	8 040	12 170	12 950	11 060	9 480	140 850
62 175	58 648	58 520	62 914	64 316	61 775	706 029
21 370	19 710	21 430	25 545	23 430	21 440	237 590
351 388	**317 907**	**337 276**	**366 291**	**351 408**	**338 025**	**4 220 982**
24 230	29 360	31 140	29 405	38 150	36 845	349 600
28 265	23 062	19 955	21 834	20 096	18 320	266 341
94 320	90 025	83 630	87 090	87 505	89 035	1 023 545
140 334	138 848	133 594	143 857	147 425	138 804	1 622 611
32 990	31 175	30 560	30 985	29 055	24 175	403 815
4 415	3 550	2 980	3 180	2 620	1 876	40 851
12 000	11 160	10 440	20 925	26 875	27 610	189 505
40 467	37 734	33 652	34 250	29 070	18 305	461 661
33 357	30 668	32 735	23 128	22 821	25 105	338 576
27 205	20 897	19 415	22 824	20 660	20 726	269 250
437 583	**416 479**	**398 101**	**417 478**	**424 277**	**400 801**	**4 965 755**
1 117 877	**1 026 815**	**999 285**	**1 070 434**	**1 073 788**	**1 033 733**	**13 049 907**

[1] Siehe auch Zeitschrift des K. Preuß. Statist. Landesamts 53. Jahrg. 1913.

Entfernung von Mannheim (km)	Es gingen (l) ein					
	Januar	Februar	März	April	Mai	Juni
Übertrag:	**1 132 991**	**1 069 710**	**1 118 452**	**1 083 311**	**1 167 137**	**1 156 374**
61	38 826	33 577	34 976	30 792	31 005	35 895
62	55 490	53 970	87 270	94 300	103 670	91 920
63	72 280	61 820	67 980	58 130	68 380	76 240
64	91 833	84 323	90 613	79 593	91 335	80 654
65	3 470	3 570	3 720	3 300	2 790	1 340
66	—	—	—	—	—	—
68	12 040	11 160	12 340	12 020	11 360	11 560
69	1 205	980	—	—	—	—
70	13 080	11 720	12 210	12 020	12 600	12 160
Zusammen	**288 224**	**261 120**	**309 109**	**290 155**	**321 140**	**309 769**
71	—	—	130	715	785	1 665
72	1 860	1 680	2 790	4 330	6 985	7 000
77	—	—	—	—	3 410	5 430
78	11 365	9 945	9 215	9 195	11 275	14 455
79	10 410	8 940	9 505	8 930	7 870	7 625
Zusammen	**23 635**	**20 565**	**21 640**	**23 170**	**30 325**	**36 175**
82	19 584	17 439	18 744	16 333	17 776	20 456
83	5 720	6 080	6 840	6 600	7 900	6 510
86	3 685	3 170	3 740	3 235	3 720	5 010
89	13 739	13 355	14 586	13 427	13 582	14 221
90	—	—	—	—	2 490	3 365
Zusammen	**42 728**	**40 044**	**43 910**	**39 595**	**45 468**	**49 562**
93	2 660	3 340	3 570	3 360	3 500	3 560
97	1 260	2 465	3 065	3 760	4 250	5 100
98	3 992	3 151	3 052	2 815	2 830	3 295
100	8 924	4 973	4 238	3 427	3 736	3 880
Zusammen	**16 836**	**13 929**	**13 925**	**13 362**	**14 316**	**15 835**
105	22 190	19 145	18 724	15 675	15 325	20 905
108	4 585	4 770	4 430	5 080	4 820	8 355
Zusammen	**26 775**	**23 915**	**23 154**	**20 755**	**20 145**	**29 260**
123	8 505	8 445	8 275	6 900	7 115	8 480
125	37 155	35 460	37 430	35 650	37 860	44 935
128	31 285	28 170	28 945	27 130	29 045	35 085
129	7 095	5 805	6 210	—	—	5 510
130	14 195	12 045	12 973	9 900	12 475	14 920
Zusammen	**98 235**	**89 925**	**93 833**	**79 580**	**86 495**	**108 930**
133	—	—	—	640	1 860	3 635
139	16 995	16 130	18 020	15 900	17 935	16 695
Zusammen	**16 995**	**16 130**	**18 020**	**16 540**	**19 795**	**20 330**
143	10 112	9 360	10 405	8 505	9 785	9 773
148	6 935	6 275	5 746	3 885	5 250	5 430
Zusammen	**17 047**	**15 635**	**16 151**	**12 390**	**15 035**	**15 203**
159	2 620	2 360	2 900	2 140	2 360	2 240
258	—	4 480	4 640	720	900	480
Zusammen	**1 666 086**	**1 557 813**	**1 665 734**	**1 581 718**	**1 723 116**	**1 744 158**

im Monat:						Gesamteingang im Jahre 1911 kg (l)
Juli	August	September	Oktober	November	Dezember	
1 117 877	**1 026 815**	**999 285**	**1 070 434**	**1 073 788**	**1 033 733**	**13 049 907**
36 530	24 980	23 535	30 035	17 795	19 590	357 536
83 610	80 620	86 730	88 130	66 381	75 610	967 701
78 790	75 845	77 115	75 454	83 878	98 380	894 292
86 507	83 676	96 320	133 396	132 412	138 176	1 188 838
1 080	1 030	890	890	1 490	2 090	25 660
—	—	8 720	8 680	8 560	9 340	35 300
10 680	10 640	12 680	13 080	12 510	13 640	143 710
—	—	—	—	—	—	2 185
7 870	6 510	6 530	6 740	6 310	6 880	114 630
305 067	**283 301**	**312 520**	**356 405**	**329 336**	**363 706**	**3 729 852**
1 680	945	—	—	—	—	5 920
5 605	4 790	1 760	4 520	7 340	6 985	55 645
5 780	5 850	2 810	5 520	5 040	4 840	38 680
14 100	6 660	7 705	6 220	5 915	5 010	111 060
8 020	8 550	5 340	6 065	6 940	7 060	95 255
35 185	**26 795**	**17 615**	**22 325**	**25 235**	**23 895**	**306 560**
20 829	17 622	14 644	14 115	12 835	12 027	202 404
5 980	5 790	5 160	4 470	6 150	6 920	74 120
5 035	4 100	4 055	3 675	3 690	2 405	45 520
14 833	13 656	11 767	11 754	10 393	10 017	155 330
3 345	3 140	2 590	1 945	1 935	2 185	20 995
50 022	**44 308**	**38 216**	**35 959**	**35 003**	**33 554**	**498 369**
3 980	4 020	3 060	2 980	2 080	1 900	38 010
6 965	6 445	5 150	4 355	3 870	3 500	50 185
4 075	3 785	3 712	3 679	3 094	3 517	40 997
4 471	6 400	3 655	3 413	3 035	2 640	52 792
19 491	**20 650**	**15 577**	**14 427**	**12 079**	**11 557**	**181 984**
24 450	17 420	20 110	21 945	21 705	21 230	238 824
7 735	5 395	4 260	3 525	2 040	2 290	57 285
32 185	**22 815**	**24 370**	**25 470**	**23 745**	**23 520**	**296 109**
9 730	8 000	8 065	7 170	6 295	6 455	93 435
43 770	33 953	33 275	30 319	32 245	26 182	428 234
36 560	31 320	32 430	27 080	26 400	28 205	361 655
5 335	4 665	3 145	2 840	2 655	3 310	46 570
13 280	12 500	10 865	10 835	7 325	6 115	137 428
108 675	**90 438**	**87 780**	**78 244**	**74 920**	**70 267**	**1 067 322**
6 055	4 695	3 470	3 170	130	—	23 655
17 770	15 240	18 735	19 240	14 775	15 565	203 000
23 825	**19 935**	**22 205**	**22 410**	**14 905**	**15 565**	**226 655**
11 345	11 265	13 775	12 580	10 248	12 770	129 923
5 715	4 360	5 210	8 030	8 375	9 490	74 701
17 060	**15 625**	**18 985**	**20 610**	**18 623**	**22 260**	**204 624**
—	—	—	—	—	—	14 620
—	560	–	—	—	600	12 380
1 709 387	**1 551 242**	**1 536 553**	**1 646 284**	**1 607 634**	**1 598 657**	**19 588 382**

VI. Die Bahnzufuhr in 41 deutschen Großstädten 1911 [1].

Berlin	261 966 783	Straßburg	9 397 780
Hamburg	41 531 553	Altona	20 773 051
Leipzig	24 369 982	Danzig	3 928 836
Dresden	34 905 714	Elberfeld	8 094 615
Köln	29 941 283	Gelsenkirchen	12 538 774
Breslau	17 106 381	Barmen	10 064 749
Frankfurt a/M.	37 623 654	Posen	5 637 390
Düsseldorf	20 224 538	Aachen	5 609 355
Hannover	11 477 679	Kassel	10 901 940
Essen	32 760 864	Braunschweig	2 262 186
Chemnitz	15 778 922	Bochum	8 695 694
Stuttgart	50 667 739	Karlsruhe	9 633 261
Magdeburg	15 876 050	Krefeld	117 330
Bremen	3 301 991	Plauen i. V.	5 106 961
Königsberg	6 281 737	Mülheim a. d. R.	4 561 131
Stettin	9 400 000	Erfurt	6 761 250
Duisburg	9 505 632	Mainz	6 560 179
Dortmund	13 214 453	Wiesbaden	3 058 702
Kiel	9 784 257	Saarbrücken	7 978 553
Mannheim	19 588 382	Hamborn	357 330
Halle a/S.	5 265 030		

Milchbezug von dorther wieder eingestellt wurde, und auch aus der Entfernung von 159 km nur einige Monate geringe Milchmengen nach Mannheim versandt wurden, so kann gesagt werden, daß die Orte, aus denen Mannheim regelmäßig Milch bezieht, zwischen 10 und 150 km weit von Mannheim entfernt sind. Der Grad, in dem die einzelnen Entfernungen zur Deckung des Bedarfs herangezogen werden, ist durchaus verschieden. Um darüber eine schnellere Orientierung zu ermöglichen, sind die Entfernungen nach Zonen von je 10 zu 10 km zusammengefaßt worden. Für jede dieser Zonen wurde die gesamte versandte Milchmenge berechnet. Erscheint ein Ort in verschiedenen Zonen, was in einzelnen Fällen dann vorkommt, wenn die Sendungen für verschiedene Bahnhöfe bestimmt sind, so ist er in jeder Zone, in der er auftritt, mitgezählt worden, da es sich hier in erster Linie um Feststellung der Bahnentfernungen handelt. Wie sich die Sendungen auf die einzelnen Zonen verteilen, zeigt folgende Übersicht:

(Siehe Tabelle VII S. 23.)

Die für Mannheims Milchversorgung wichtigsten Zonen sind die von 41—50 km, 51—60 km und 61—70 km, unter diesen ist die mittlere am wichtigsten, denn aus dieser Entfernung kommen nahezu 5 Millionen Liter, also ungefähr ein Viertel der überhaupt bezogenen Menge.

[1] Zusammengestellt nach Petersilie.

VII. Es kamen nach Mannheim aus einer Entfernung von

km	l	
10		(77 200)[1]
11— 20	513 505	(1 535 105)
21— 30	1 495 580	(2 296 970)
31— 40	1 854 085	(1 962 235)
41— 50	4 220 982	(4 487 042)
51— 60	4 965 755	
61— 70	3 729 852	
71— 80	306 560	
81— 90	498 369	
91—100	181 984	
101—110	296 109	
121—130	1 067 322	
131—140	226 655	
141—150	204 624	
151—160	14 620	
258	12 380	

Von 71 km ab sind die Mengen, die nach Mannheim versandt werden, verhältnismäßig gering. Von einer allmählichen Abnahme kann jedoch nicht gesprochen werden, denn aus der Entfernung von 121 bis 130 km kommen noch über 1 Mill. Liter Milch, während die vorausgehende und die folgende Zone nur ungefähr 200 000 l schickten. Es fragt sich nun, ob Mannheim im Vergleich zu anderen Städten aus geringerer oder größerer Ferne seine Milch bezieht. Dabei ist es nicht nötig, zu vergleichen, welche Entfernungen für die Städte überhaupt in Betracht kommen, sondern wie weit entfernt vom Zentrum des Bedarfs die Zone ist, die als die wichtigste angesehen werden muß. Im folgenden ist diese jeweils für die einzelnen Städte herausgesucht worden. Die wichtigste Zone war für folgende Städte:

bis 10 km: Krefeld;

11—20 km: Wiesbaden, Mainz, Erfurt, Karlsruhe, Braunschweig, Kassel, Aachen, Posen, Danzig, Straßburg, Halle, Kiel, Stettin, Königsberg, Bremen, Magdeburg, Düsseldorf;

21—30 km: Plauen, Barmen, Gelsenkirchen, Altona, Stuttgart, Chemnitz, Hannover, Frankfurt a. M., Breslau, Köln, Leipzig;

31—40 km: Elberfeld, Duisburg, Dresden, Hamburg, Berlin;

41—50 km: Hamborn, Dortmund;

51—60 km: Saarbrücken, Mülheim a. d. R., M a n n h e i m , Essen;

91—100 km: Bochum.

Aus dieser Zusammenstellung ist ersichtlich, daß Mannheim — wenn man von Bochum absieht — zu den wenigen Städten gehört, für die die wichtigste Zone ziemlich weit vom Zentrum entfernt ist. Wenn man allerdings berücksichtigt, daß für Mannheim, was bei den anderen Städten im allgemeinen nicht der Fall ist, die vorhergehende Zone der Hauptzone an Bedeutung kaum nachsteht, und der wichtigste Ort in

[1] Die eingeklammerten Ziffern beziehen sich auf die gesamte Zufuhr, also Hauptbahnen und Nebenbahnen.

beiden auftritt, so käme für Mannheim auch diese Zone als besonders wichtig in Betracht. Nach unserer Zusammenstellung sind in dieser Zone nur zwei Städte, Dortmund und Hamborn, zu finden, während alle anderen — von den zuerst genannten abgesehen — seien sie größer oder kleiner, den vorhergehenden Zonen angehören.

Man sieht, daß die Größe einer Stadt und die Entfernung ihrer wichtigsten Milchlieferungszone nicht — wie man wohl anzunehmen geneigt wäre — in irgendeinem Zusammenhang stehen. Auch wenn man an Stelle der Einwohnerzahl der Großstädte selbst die Bevölkerungsdichte ihrer Agglomeration (im Sinne Schotts) zum Vergleich heranzieht, geleitet von dem Gedanken, daß die dichtere Besiedelung vielleicht die Milchproduktion aus der Nähe der Großstädte verdrängt, kommt man zu keinem Resultat. Denn es gibt großstädtische Agglomerationen wie Mannheim, die relativ dünner bevölkert sind als andere, bei denen der Fall vorliegt, daß die wichtigste Zone weniger weit entfernt ist als bei jenen[1].

Nur eines läßt sich aus unserer Übersicht deutlich erkennen: daß die Zahl der Industriestädte im Verhältnis zur Zahl der übrigen zunimmt, je weiter entferntere Zonen wir ins Auge fassen, so daß die letzten von 40 km ab überhaupt nur für diese Städte in Betracht kommen. Hamborn, Dortmund, Saarbrücken, Mülheim, Mannheim, Essen sind die Namen, die uns entgegentreten. Es liegt also der Gedanke nahe, daß der industrielle Charakter insofern von Einfluß auf ihre Milchversorgung ist, als er es mit sich bringt, daß die wichtigste Zone vom Zentrum weiter entfernt ist, als bei anderen Städten. Dies mag darin begründet sein, daß die Umgegend dieser Industriezentren sich ihrer Struktur anpaßt. Die Bewohner der Orte der näheren Umgebung geben, soweit sie überhaupt Landwirtschaft betrieben haben, diesen Beruf allmählich auf und suchen in den städtischen Fabriken Arbeit. In dem Maße, wie durch Einschränkung der Landwirtschaft die Produktion der einzelnen Orte zurückgeht, wird diese zur Deckung ihres eigenen Bedarfs aufgebraucht, und die Stadt muß sich nach weiter entfernt liegenden Quellen umsehen.

C. Versandstrecken und Empfangsbahnhöfe.

Es wurde schon an anderer Stelle davon gesprochen, daß die Eisenbahnverwaltungen nach den einzelnen Städten auf bestimmten, stark

[1] Z. B. Berlin, Hamburg, Frankfurt, Leipzig, Stuttgart, Köln, Breslau haben mit ihren Agglomerationen eine dichtere Bevölkerung pro ha als Mannheim.

frequentierten Strecken besondere Milchkurswagen verkehren lassen. Für Mannheim kommen hauptsächlich folgende Strecken in Betracht:

Hauptbahnen [1].

A. Bestimmungsstationen, die Mannheimer Bahnhöfe im Bereich der Großherzoglich Badischen Eisenbahndirektion.

I. Badische Bahnen:

1. Graben—Neudorf—Schwetzingen—Mannheim,
2. Bretten—Bruchsal—Heidelberg—Mannheim,
3. Würzburg—Mannheim,
4. Wertheim—Lauda—Mannheim,
5. Lauda—Mannheim (besonderer Wagen),
6. Neckarelz (über Eberbach)—Mannheim (besonderer Wagen),
7. Neckarelz—Meckesheim—Mannheim,
8. Sinsheim—Mannheim (besonderer Wagen),
9. Jagstfeld—Sinsheim—Mannheim (besonderer Wagen),
10. Eppingen—Sinsheim—Mannheim (besonderer Wagen).

II. Von fremden Bahnen ausgehend:

1. Dannstadt—Mannheim,
2. Fürth i. O.—Weinheim—Mannheim,
3. Wahlen—Weinheim—Mannheim,
4. Bechtolsheim—Osthofen—Worms—Ludwigshafen—Mannheim,
5. Ludwigshafen—Mannheim,
6. Bechtolsheim—Osthofen—Worms—Ludwigshafen—Mannheim—Neckarau,
7. Wendelsheim—Armsheim—Worms—Ludwigshafen—Mannheim—Neckarau,
8. Mainz—Worms—Lampertheim—Mannheim.

B. Bestimmungsstation Bahnhof Mannheim — Neckarstadt der Preußisch-Hessischen Staatsbahn:

1. Monsheim—Worms—Lampertheim—Mannheim,
2. Bechtolsheim—Osthofen—Worms—Lampertheim—Mannheim,
3. Mainz—Worms—Lampertheim—Mannheim.

Der Versand erfolgt gewöhnlich zweimal am Tage; der Milchhändler arbeitet in den frühen Morgenstunden mit der sogenannten Abend-

---

[1] Nach Mitteilungen des Großherzoglich Badischen Stationsamts Mannheim und des Herrn Stationsvorstehers Jacki für die Preußisch-Hessische Staatsbahn.

milch, die am Spätnachmittag gemolken und mit den Abendzügen nach Mannheim versandt wird, denn die morgens gemolkene Milch kann natürlich frühestens in den Vormittagsstunden in Mannheim eintreffen.

Als Empfangsstationen kommen sämtliche Bahnhöfe in Betracht, so daß die Milch aus einer Versandstation oft an verschiedene Bahnhöfe adressiert ist. Ausschlaggebend dafür, nach welchen Bahnhöfen die Milch versandt wird, ist in den meisten Fällen das Interesse der Empfänger, die ihre Milch an dem Bahnhof abzuholen wünschen, der ihrem Geschäfte am nächsten liegt. Da die Entfernungen nach den einzelnen Bahnhöfen nur um wenige Kilometer voneinander verschieden sind, so sind die geringen Mehrkosten, die vielleicht dadurch entstehen, nicht nennenswert. Die im Jahre 1911 an den einzelnen Bahnhöfen angekommenen Mengen betrugen:

Hauptbahnhof	12 393 007
Bahnhof Mannheim-Neckarstadt	5 180 619
" " Waldhof	1 060 528
" " Neckarau	609 965
" " Käfertal	344 263
" Neckarstadt der Mannheim-Weinheim-Nebenbahn	2 294 400
Summe	21 882 782

D. Die monatlichen Schwankungen der Milchzufuhr.

Wie die Hauptübersicht zeigt, ist die Zufuhr in den einzelnen Monaten verschieden groß. Sie verteilt sich in folgender Weise:

Januar	1 666 086 = 8,51 %	der Gesamteinfuhr
Februar	1 557 813 = 7,95 %	"
März	1 665 734 = 8,50 %	"
April	1 581 718 = 8,08 %	"
Mai	1 723 116 = 8,80 %	"
Juni	1 744 158 = 8,90 %	"
Juli	1 709 387 = 8,73 %	"
August	1 551 242 = 7,92 %	"
September	1 536 553 = 7,84 %	"
Oktober	1 646 284 = 8,40 %	"
November	1 607 634 = 8,21 %	"
Dezember	1 598 657 = 8,16 %	"
Jahreszufuhr	19 588 382 = 100 %	

Der Bedarf der Stadt ist also in den einzelnen Monaten verschieden; das Maximum der Einfuhr fällt in den Juni, das Minimum in den September. Auf die Höhe der Zufuhr übt die unterschiedliche Dauer der Monate nur einen geringen Einfluß aus, wie schon aus

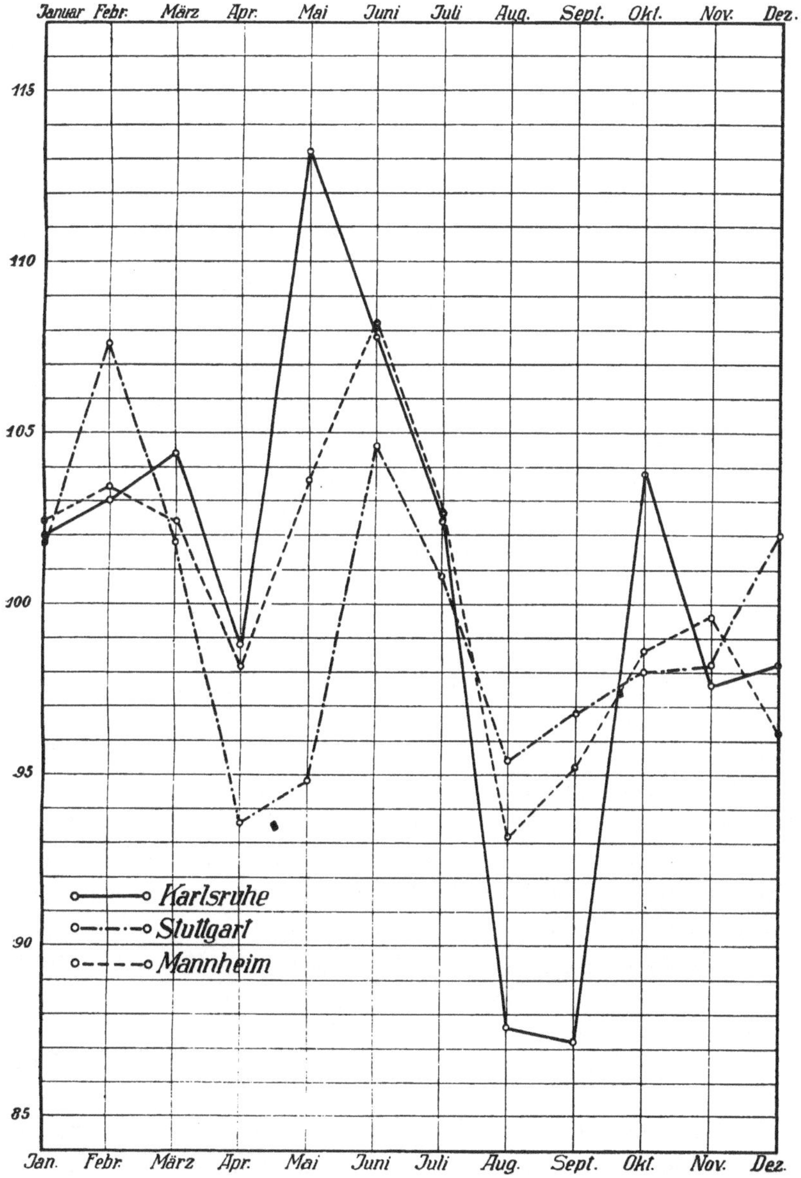

obiger Zusammenstellung ersichtlich ist; so hat der kurze Februar eine höhere Zufuhr, als etwa der August. Schaltet man dadurch, daß man für jeden einzelnen Monat die durchschnittliche Tageszufuhr berechnet,

VIII. Durchschnittliche Tageszufuhr von Milch in Mannheim, Stuttgart und Karlsruhe in den einzelnen Monaten des Jahres 1911 beim Jahresdurchschnitt pro Tag = 100.

Stadt	Monat					
	Januar	Februar	März	April	Mai	Juni
Mannheim . . .	102,48	103,67	102,46	98,24	103,57	108,33
Stuttgart. . . .	101,91	107,82	101,95	93,62	94,90	104,47
Karlsruhe. . . .	102,18	103,12	104,42	98,77	113,56	108,19

Stadt	Monat					
	Juli	August	September	Oktober	November	Dezember
Mannheim . . .	102,75	93,25	95,44	98,95	99,79	96,14
Stuttgart. . . .	100,94	95,37	96,84	98,06	98,16	102,03
Karlsruhe. . . .	102,72	87,54	87,14	103,72	97,67	98,19

den Einfluß der Differenzen in der Dauer der einzelnen Monate aus, so erhält man ein deutliches Bild von den Schwankungen des Bedarfs, das dann noch ausdrucksvoller wird, wenn man aus der Gesamtein-zufuhr[1] einen Generaldurchschnitt von 53666,8 = 100 pro Tag berechnet, und die Tagesdurchschnitte der einzelnen Monate darnach berechnet und mit den entsprechenden Indexziffern versieht.

Die Unterschiede im Tagesbedarf werden durch die beigefügte graphische Darstellung (Seite 27) deutlich gezeigt. Zum Vergleich haben wir auch für Karlsruhe und Stuttgart die entsprechenden Indexziffern berechnet (siehe oben Tabelle VIII) und die Kurven gezeichnet.

Ein einheitlicher Verlauf dieser Kurven ist nicht festzustellen, nur das Sinken der Tageszufuhr im Juli und August ist eine einheitliche Erscheinung, die darauf zurückzuführen ist, daß in diesen Monaten sehr viele Einwohner abwesend sind. Dagegen verteilen sich die Maxima und Minima der Tageszufuhr in den einzelnen Städten auf ganz verschiedene Monate. In Mannheim weist der Juni, in Karlsruhe der Mai, in Stuttgart der Februar die höchste Zufuhr auf, während die Minima für Mannheim im August, Karlsruhe im September, Stuttgart im Mai eintreten.

Auf welche Ursachen die Schwankungen im einzelnen zurückzuführen sind, kann nicht gesagt werden. Unserer Darstellung kommt vorerst nur der Wert einer Konstatierung bei, die immerhin für die Bahnverwaltungen, für Produzenten und Händler des Interesses nicht

[1] Der staatlichen Bahnen.

entbehren wird. Sollte es später möglich sein, für eine Reihe anderer Jahre die gleiche Berechnung durchzuführen und die Ergebnisse zu vergleichen, so wird sich vielleicht doch eine Art Gesetzmäßigkeit im Jahresverlauf der Zufuhr feststellen lassen, was die Dispositionen der verschiedenen in Betracht kommenden Organe nicht unwesentlich wird erleichtern können.

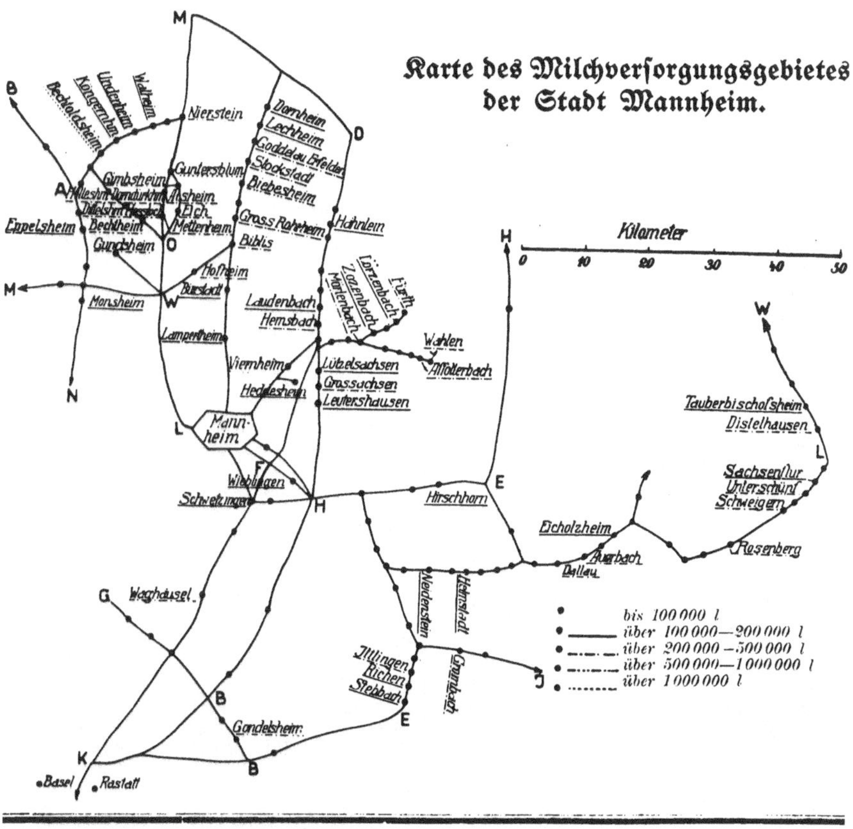

Karte des Milchversorgungsgebietes der Stadt Mannheim.

E. Produktionsorte und Produktionsgebiete.

Über die Milchmengen, die auf dem Bahnwege nach Mannheim kommen, und die Entfernungen, die sie zurücklegen müssen, ehe sie ihren Bestimmungsort erreichen, ist schon gesprochen worden. Noch aber war nicht davon die Rede, welche Orte besonders wichtig für Mannheim sind, und welche größeren Gebiete als Quellen für die Mannheimer Milchversorgung zu unterscheiden sind.

IX. Versandstationen nach der Größe ihres Milchversands geordnet.

Stationen:	Mengen: (l)	Stationen:	Mengen: (l)
Bechtoldsheim-Bibelnheim	2 235 190	Seeheim-Wolfkehlen . . .	119 166
Guntersblum	2 098 345	Undenheim-Köngernheim	114 630
Nierstein	839 701	Hirschhorn	109 300
Biebesheim	790 560	Helmstadt	107 428
Viernheim	556 300	Lampertheim	104 715
Heddesheim	485 300	Dornheim	101 944
Großsachsen	459 500	Schwetzingen	100 670
Fürth	453 260	Stebbach	100 516
Hofheim (Ried)	435 265	Heppenheim	98 900
Schweigern	428 234	Huttenheim	96 922
Unterschüpf	408 225	Boxberg-Wölchingen . .	93 435
Biblis	389 640	Reinbach	93 250
Hemsbach	383 980	Eichelbronn	86 530
Groß Rohrheim	382 085	Zuzenhausen	85 508
Alsheim	369 810	Babstadt	78 288
Gimbsheim	369 810	Asbach	77 745
Mörlenbach	358 128	Seckenheim	77 200
Ittlingen	353 628	Hochhausen a. d. T. . .	74 701
Gundheim	327 820	Erbach (Odenwald) . . .	74 120
Mettenheim	326 470	Gernsheim	70 190
Waghäusel	322 193	Aglasterhausen	65 283
Eich (Rh. Hessen)	287 684	Nieder-Flörsheim	60 340
Bechtheim	273 507	Neckarhausen	58 975
Goddelau-Erfelden	262 426	Hirschlanden	54 285
Hillesheim-Dorndürkheim .	251 590	Kreidach	54 230
Affolterbach	251 360	Osterburken	52 792
Rosenberg	238 824	Unterwaldmichelbach . .	50 300
Dittelsheim-Heßloch . . .	234 540	Steinsfurt	50 186
Gondelsheim	230 730	Bickenbach	49 260
Grombach	225 651	Schefflenz	45 520
Stockstadt (Rh.)	206 428	Neckargemünd	45 310
Dallau	206 315	Bensheim	44 390
Distelhausen	203 000	Gau-Odernheim	43 653
Auerbach	202 404	Adelsheim	40 997
Wahlen	201 720	Heidelsheim	40 851
Monsheim	186 820	Kettenheim	40 030
Wieblingen	184 400	Bödigheim	39 705
Eicholzheim	176 325	Friesenheim (Rh. Hessen) .	38 680
Richen b./Eppingen . . .	173 487	Seckach	38 010
Zotzenbach	167 800	Dexheim	35 300
Eppelsheim (Rh. Hessen) .	166 525	Rheinsheim	34 755
Neidenstein	160 675	Reisen (Hessen)	33 980
Hähnlein	152 890	Neckargerach	33 397
Lützelsachsen	151 200	Armsheim	31 365
Walheim (Kr. Oppenheim) .	143 710	Graben-Neudorf	28 960
Bürstadt	143 080	Waldmichelbach	28 750
Lörzenbach-Fahrenbach . .	137 950	Hohensülzen	26 420
Sachsenflur	137 428	Framersheim	25 660
Tauberbischofsheim . . .	129 923	Ubstadt	24 382
Laudenbach	129 860	Mosbach i./B.	24 280
Leutershausen	124 400	Königshofen	23 655

Stationen:	Mengen: (l)	Stationen:	Mengen: (l)
Bammental	23 210	Waibstadt	5 920
Birkenau	22 220	Sinsheim	5 733
Mauer	21 202	Weinheim	5 700
Zwingenberg (Hessen)	16 750	Mörtelstein	3 535
Brombach	14 620	Reihen	3 040
Basel (Bad. Bahnhof)	12 380	Wachenheim-Mölsheim	2 400
Rastatt	10 480	Gölshausen	2 185
Rot-Malsch	7 605	Plankstadt	1 120
Meckesheim	6 755	Ostersheim	700

Es kann hier selbstverständlich nicht jeder Ort aufgezählt werden, der überhaupt Milch hierher sendet, sondern es können nur die Plätze, die größere Quantitäten liefern, besonders genannt werden. Zur weiteren Orientierung muß auf die vorstehende Übersicht verwiesen werden, in der alle Orte — nach der Größe ihres Versandes geordnet — registriert sind. Mehr als 100 Orte sind dort zu finden. Diese sind nicht identisch mit den Produktionsorten, die weit zahlreicher sind. So ist es uns bekannt, daß es einen Versandort gibt, der sozusagen als Zentrum für über 20 kleine und kleinste Produktionsorte anzusehen ist. Ursache dafür, daß ein Produktionsort nicht zugleich Versandort ist, ist wohl zumeist das Fehlen einer geeigneten Bahnverbindung, ferner ist auch die Errichtung von Sammelstellen (besonders durch Zwischenhändler) nicht ohne Einfluß.

An erster Stelle in unserer Liste steht Bechtolsheim in Rheinhessen, allerdings macht ihm Guntersblum, das auch über zwei Millionen Liter hierher schickt, fast den Rang streitig. Beide Orte decken heute zusammen mindestens ein Fünftel des Mannheimer Milchbedarfs. Viel weniger als sie, aber doch noch mehr als 500 000 l senden die drei folgenden Plätze: Nierstein, sonst hauptsächlich wegen seines Weines berühmt, Biebesheim und das nahe Viernheim. Während diese Stationen ohne Ausnahme in Hessen liegen, finden sich, unter den folgenden doch schon eine Anzahl, die unserem engeren Heimatlande angehören. Unter den Orten, die über 2—500 000 l schicken, sind dies Heddesheim, Großsachsen, Schweigern, Unterschüpf, Ittlingen, Waghäusel, Rosenberg, Gondelsheim, Grombach, Dallau, Distelhausen, also 11 von 30 Stationen, von denen aus überhaupt derartige Mengen hierher versandt werden. Die anderen Orte alle einzeln aufzuführen, ersparen wir uns; es soll nur noch darauf hingewiesen werden, daß die Zahl der innerhalb der gelb-rot-gelben Grenzpfähle gelegenen Orte von nun ab zunimmt, und daß unter den Stationen mit ganz geringem Versand sogar eine jenseits der deutschen Grenze gelegene Stadt, Basel, sich befindet, die aber, wie schon betont wurde, nur vorübergehend Milch nach Mannheim sandte.

Nach dieser eiligen Reise von Ort zu Ort ein längerer Aufenthalt in den einzelnen Gebieten, die in Hinsicht ihrer Bedeutung für Mannheim nun genauer untersucht und gegeneinander abgewogen werden müssen. Zur besseren Orientierung dient die beigegebene schematische Karte (siehe S. 29), auf der alle Orte eingezeichnet, und diejenigen, die mehr als 100 000 l senden, namentlich angegeben sind.

Drei Hauptgebiete sind zu unterscheiden: Nordgebiet, Ostgebiet und Südgebiet. Der Westen kommt nicht in Betracht (die wenigen pfälzischen Orte, aus denen Achsenmilch in geringen Mengen nach Mannheim kommt, sind, da die Karte nur die Bahnzufuhr berücksichtigt, nicht vermerkt).

Die Bedeutung der einzelnen Gebiete für Mannheim ist durchaus verschieden, wie schon ein Blick auf die Karte zeigt. Im Norden, größtenteils auf hessischem Boden, die große Zahl der Orte, die mehr als 100 000 l schicken, darunter alle, von denen Mannheim mehr als 500 000 l bezieht; dagegen tritt der Osten, der allerdings in seinem äußersten Teile noch einige Stationen mit mehr als 200 000 l aufzuweisen hat, sehr zurück; im Süden liegen nur wenige Orte, deren Versand einigermaßen bedeutend ist. Für die einzelnen Gebiete berechneten wir folgende Gesamtsummen:

Nordgebiet	16 224 739
Ostgebiet	4 716 050
Südgebiet	941 993
	21 882 782

Der Anteil des Nordgebiets beträgt also etwa 74%; der des Ostgebiets 22% und der des Südgebiets 4%.

Der Grad, in dem die einzelnen Gebiete an der Milchversorgung Mannheims beteiligt sind, hängt natürlich von ihrer Produktivität an Milch ab, die wiederum durch die Ausdehnung der Kuhhaltung bestimmt wird. Daneben sind aber auch eine Anzahl anderer Faktoren in Betracht zu ziehen. So die Betriebsform. Die Produktivität ist in reinen Abmelkwirtschaften anders als bei gemischtem System oder in reinen Aufzuchtwirtschaften. Auch die Art der Verwendung der Tiere ist maßgebend. Werden die Kühe, wie es noch vielfach, besonders auch im Odenwald, geschieht, als Arbeitstiere benützt, so ist ihre Produktivität infolgedessen niedriger.

Vor allem ist aber die Produktivität abhängig von der Rasse der Tiere. Im allgemeinen kann man sagen, daß von Norden nach Süden ein allmähliches Vordringen der Niederungsrassen erfolgt, die gerade auch in einigen wichtigen hessischen Gebieten gehalten werden, während im Ost- und Südgebiet noch das Höhenvieh vorherrscht. Die Niederungstiere liefern durchschnittlich mehr Milch als unsere einheimische Rasse. Auf den Streit über die Qualität des Erzeugnisses können wir hier nicht eingehen, denn es fehlt uns die nötige Sachkenntnis. Es sei nur hervorgehoben, daß der Verfasserin von Sachverständigen mitgeteilt wurde, daß zwar die Niederungsrassen infolge ungeeigneter Behandlung der Tiere heute noch zum Teil geringwertigere Milch, besonders was den Fettgehalt anbelangt, liefern, daß aber bei geeigneter Behandlung und Fütterung der Tiere dieser so gesteigert werden kann, daß er dem der Milch unserer Rassen kaum nachsteht.

Der Wunsch nach einer möglichst hohen Milcherzeugung hat neben der Einführung der Niederungsrassen noch eine Änderung hervorgerufen. An Stelle der Aufzuchtwirtschaft tritt mehr und mehr das System der Abmelkwirtschaft. Schon Hecht[1] schreibt darüber: „Hinter dem Zweck der Milchgewinnung für den Absatz tritt in den industriellen Gebieten die Züchtung von Vieh zurück; selbst die Erzielung einer einheitlichen hochwertigen Rasse wird seitens des milchverkaufenden Landwirtes fast ganz vernachlässigt. Nimmt der Milchertrag einer Kuh auffallend ab, so wird sie möglichst rasch an den Viehhändler oder den Metzger verkauft, um dafür eine frischmelkende Kuh, ganz einerlei welcher Rasse, einzukaufen".

Eine Produktionsstatistik existiert nicht. Es wird auch hier nicht unternommen, wie es in anderen Arbeiten wohl geschehen ist, aus den zerstreuten statistischen Mitteilungen z. B. über den Viehstand, Zusammenstellungen zu machen, da den Schlüssen, die man daraus auf

[1] Siehe Hecht: S. 126.

die Produktivität ziehen könnte, nach dem oben Gesagten nur eine ganz geringe Bedeutung beizumessen wäre. Dazu kommt, daß in der Landesstatistik Hessens und Badens die landwirtschaftliche Betriebsstatistik nicht nach einheitlichen Gesichtspunkten bearbeitet ist (so gibt zwar die badische Statistik Auskunft über die Viehrassen in den einzelnen Bezirken, nicht aber die für uns mindestens ebenso wichtige hessische). Die Reichsstatistik bringt zwar im Band 212 für alle Bundesstaaten nach einem einheitlichen Schema durchgeführte Nachweisungen, die aber für unsere Zwecke deshalb nicht benützt werden können, weil sie nicht ausführlich genug sind.

So lange aber die geeigneten Unterlagen fehlen, ist es zwecklos, Berechnungen über die mutmaßliche Produktion anzustellen, da diesen doch nur ein geringer praktischer Wert beizumessen ist. Daher soll hier nur gesagt werden, daß unter unsern drei Gebieten das nördliche einen besonders großen Milchreichtum aufweist, vor allem Hessen ist ja als ein Land mit starker Milchwirtschaft bekannt.

Auch die genaueste Produktionsstatistik könnte darüber keine Auskunft geben, warum von den Gegenden, die für die Milchversorgung einer Stadt — in diesem Falle Mannheims — in Betracht kommen, die eine mit einem größeren, die andere mit einem geringeren Teile ihrer Produktion zur Deckung des Bedarfes herangezogen wird.

Von Bedeutung ist in dieser Hinsicht die Konkurrenz der Städte untereinander. Besonders Heidelberg, das Wilharm eine große Vorstadt Mannheims nennt, und Ludwigshafen, seine Schwesterstadt, kommen für Mannheim als Rivalen in Betracht; Heidelberg im Osten, Ludwigshafen im Westen. Von den Orten, die Wilharm als Versandstationen für Heidelberg für das Jahr 1903 aufzählt, kommen eine ganze Reihe für Mannheim nicht in Betracht, selbst heute nicht. Sehr interessant ist eine Übersicht in seiner Abhandlung, die darüber Aufschluß gibt, von welchen Orten aus im Oktober 1902 Milch nach Mannheim und Heidelberg zugleich gesandt wurde, und um welche Mengen es sich dabei handelte. An Hand seiner Tabelle ist es möglich, durch Vergleich mit den Zahlen des Jahres 1911 festzustellen, welche Verschiebungen in der Bedeutung eines Ortes für die Milchversorgung einer Stadt eintreten können, und damit zu zeigen, daß auch hier alles im Fluß ist. Daher ist sie in unsere Arbeit aufgenommen und für 1911 für Mannheim ergänzt worden.

X. Es wurden versandt im Monat Oktober:

von Versandstation	nach Heidelberg 1902	nach Mannheim 1902	nach Mannheim 1911
Eschelbronn	13 620	20 640	4 105
Neidenstein	530	8 670	12 140
Bammental	29 720	15 180	1 725
Mauer	20 310	7 550	1 827
Meckesheim	26 320	570	1 265
Zuzenhausen	68 850	760	6 930
Sinsheim	6 720	16 710	420
Steinsfurt	15 340	6 360	2 314
Ittlingen	580	11 120	27 160
Richen	8 360	23 070	13 981
Rappenau	11 010	29 440	—
Rot-Malsch	730	12 920	(i.g.J. 7 605)
Heidelsheim	9 090	10 660	3 180
Dallau	9 140	6 200	12 285
Eicholzheim	19 790	15 750	13 699
Schatthausen	4 930	5 960	—

Aus unserer Übersicht geht hervor, daß ein großer Teil dieser Orte im Oktober des Jahres 1902 mehr Milch nach Mannheim als nach Heidelberg sandte, daß aber auch einige Stationen schon damals einen größeren Versand nach Heidelberg als nach Mannheim hatten. Besonders interessant ist es, die von den einzelnen Orten im Oktober 1902 und 1911 gelieferten Mengen miteinander zu vergleichen, denn daraus kann — wenn auch nur mit größter Vorsicht — entnommen werden, wohin die Entwicklung tendiert. Nur bei einigen wenigen Orten ist eine beträchtliche Vermehrung des Milchversands nach Mannheim eingetreten, während bei allen anderen ein mehr oder weniger starker Rückgang festzustellen ist. So sandte Eschelbronn im Oktober 1902 20 000 l hierher, jetzt nur noch 4000 (im ganzen Jahre 86 000 l), Sinsheim damals 16 000, jetzt 420 l (im ganzen Jahre 6000 l), für Richen 23 000 und 13 000, für Heidelsheim 10 000 und 3000 l; andere Orte, wie Rappenau und Schatthausen, lieferten 1911 überhaupt keine Milch nach Mannheim. Auch Wieblingen, das im Oktober 1902 24 000 l nach Mannheim sandte, schickte 1911 kaum mehr als die Hälfte. Diese Verschiebungen werden darauf zurückzuführen sein, daß Heidelberg das Ostgebiet im steigenden Maße, entsprechend seinem Wachstum, zur Deckung seines eigenen Bedarfes heranzieht.

Beschäftigen wir uns nunmehr mit der mit Mannheim noch näher verbundenen Stadt Ludwigshafen, so können wir feststellen, daß Ludwigshafen nach Westen hin als Schranke wirkt. Unsere Schwesterstadt weist einen ziemlich hohen Milchbedarf auf, wie Arnold hervorhebt. Er schreibt[1]: „Für Ludwigshafen, das 8,32 Mill. Liter im Jahre 1908 erhielt, ist charakteristisch, daß es unter sämtlichen Städten Bayerns verhältnismäßig am meisten Milch auf der Eisenbahn einführen muß. Dabei wird die Bahnmilch aus verhältnismäßig geringen Entfernungen (bis zu 70 km) beigebracht". Das Hauptgebiet, aus dem Ludwigshafen seine Milch bezieht, ist die Pfalz, die aus diesem Grunde für Mannheim nicht in Betracht kommt. Neben der Pfalz schickt Hessen ganz geringe Mengen nach Ludwigshafen. Beide Städte, die einen Bedarfskomplex darstellen, erhalten also ihre Milch aus ganz verschiedenen Gebieten.

Im Südgebiet wirken wohl Karlsruhe und Pforzheim als die Magneten, die die dortige Erzeugung zum größten Teil an sich heranziehen, so daß Mannheim sich mit der schon genannten geringen Menge begnügen muß.

Das Nordgebiet dagegen, besonders Rheinhessen und Starkenburg, ist die Domäne Mannheims. Sehr interessant fällt ein Vergleich des Versorgungsgebietes Frankfurts mit dem Mannheims aus. Daraus ergibt sich, daß, trotzdem von einer ganzen Reihe von Stationen des nördlichen Mannheimer Versorgungsgebietes die Differenz der Entfernungen nach Mannheim und nach Frankfurt nicht sehr groß ist, nur wenige nach Frankfurt liefern. Aus dem Vergleich einer Zusammenstellung in Heft IX der Beiträge zur Statistik der Stadt Frankfurt mit unserer Übersicht ergibt sich, daß nur von drei Stationen aus ein Versand nach beiden Städten zugleich erfolgt. Es sind dies die auf der Strecke Mannheim-Biblis-Frankfurt gelegenen Orte Leeheim-Wolfskehlen, Goddelau-Erfelden, Dornheim. Von den drei genannten Plätzen sandten Dornheim und Goddelau im Durchschnitt des Monats Juni 1911 bedeutend weniger Milch nach Mannheim, als sie im Mittel des gleichen Monats des Vorjahres nach Frankfurt schickten, nur von Leeheim erhielt Mannheim mehr Milch. Die Strecke Mannheim-Frankfurt kann also nach Nordosten hin als Scheidelinie zwischen den Versorgungsgebieten beider Städte angesehen werden.

Neben Dornheim ist Nierstein der nördlichst gelegene Ort, aus dem

[1] Heft 78 der Beiträge zur Statistik des Königreichs Bayern S. 42.

Mannheim Milch bezieht. Die rheinhessischen Orte jenseits dieser Station gehören, wenn man es so ausdrücken darf, in das Kompetenzbereich der Festung Mainz. Da über diese Stadt keine Monographie existiert, greifen wir auf die Angaben Petersilies zurück, der sich allerdings bei jeder Stadt auf die Mitteilung der wenigen wichtigsten Orte beschränken muß. Mainz, das 1911 6,5 Mill. Liter Milch erhielt, empfängt nach seiner Darstellung den größten Teil davon aus Rheinhessen (1911 etwa 6 Mill.), also ist dieser Bezirk auch für Mainz der wichtigste. Doch genügt für diese Stadt, deren Bedarf ja nicht sehr groß ist, ein kleinerer nördlicher Teil des ganzen Gebietes in einer Ausdehnung bis zu 30 km von Mainz aus, während Mannheim sich aus dem größeren südlichen versorgt.

Der Norden — Rheinhessen, Starkenburg, Nordbaden — bildet nicht nur für die Gegenwart das wichtigste Gebiet für die Milchversorgung Mannheims, sondern, wie sich aus unseren Ausführungen ergibt, auch für die Zukunft.

IV. Produzenten — Produzentenorganisationen — Zwischenhändler.

Wenn wir auf Grund unseres statistischen Materials auch Namen und Zahl der Versandstationen genau feststellen können, so orientiert uns dieses absolut nicht über die Menge der Produktionsorte, wie schon hervorgehoben wurde, oder gar die Zahl der Produzenten. Die Zahl der Absender stimmt nicht mit der Zahl der Produzenten überein.

An Stelle der Produzenten sind Organe getreten, die den Versand besorgen: *Die Produzentenorganisationen und die ländlichen Zwischenhändler*, oder wie der Ausdruck auch lautet *Sammler*. Beide, so verschieden sie voneinander sind, haben das eine gemeinsam, daß *sie durch ihr Eingreifen den Milchabsatz rationeller gestalten,. und dadurch den Produzenten wie den Konsumenten wichtige Dienste erweisen*. Im folgenden sollen nun die wesentlichen Eigenschaften beider Faktoren in Kürze behandelt werden.

Da besonders über die Produzentenvereinigungen eine sehr eingehende Charakteristik durch einen erfahrenen Kenner der Verhältnisse, Berg, vorhanden ist, und da uns sehr wenig Material über die besonderen Verhältnisse im Mannheimer Gebiet zur Verfügung stand, so können wir uns auf eine kurze Darstellung beschränken.

Während die Produzentenorganisationen besonders im badischen Teil des Mannheimer Milchversorgungsgebietes stark vertreten sind, haben die Sammler eine ganz besondere Bedeutung auf der hessischen Seite erlangt, wo die Produzenten Organisationsbestrebungen, besonders genossenschaftlichen, viel weniger geneigt sind, als ihre Kollegen im Nachbarstaate. Wenn man sich der unangenehmen Erfahrungen erinnert, die man in Hessen schon gemacht hat, so wird man diese Zurückhaltung verstehen können. Gut geleitete Organisationen werden indes dem Produzenten nur zum Vorteil gereichen, wie es sich auch in Baden gezeigt hat. Als Organisationen kommen in Betracht[1]:

1. Die allgemeinen landwirtschaftlichen Konsum- und Absatzgenossenschaften, soweit sie in ihren Geschäftskreis auch den Milchabsatz einbeziehen.
2. Die Molkereigenossenschaften.
3. Reine Milchabsatzgenossenschaften.
4. Sonstige Vereinigungen von Milchhändlern.

Sie alle sind vereinigt im Badischen Molkereiverband (E. V.).

Während die Milchabsatzgenossenschaften, wie wir aus dem „Jahresbericht des Molkereiverbandes für 1912" ersehen, zum größten Teil als E. G. m. b. H. organisiert sind, gibt es unter den unter 1 u. 2 genannten Organisationen eine nicht geringe Zahl mit u. H.; die unter 4 genannten Vereinigungen sind im allgemeinen losere Interessentenverbände. Für Mannheim kommen unter den zahlreichen Organisationen vor allem die in Großsachsen, Lützelsachsen, Laudenbach, Sandhofen in Betracht und die Milchproduzentenvereinigung von Mannheim-Ludwigshafen-Heidelberg.

Ihrem Charakter gemäß nehmen die Absatz- und Molkereigenossenschaften wie auch die landwirtschaftlichen Konsumvereine für ihre Mitglieder den Milchabsatz in die Hand. Die Molkereigenossenschaften sind in erster Linie zu Molkereizwecken gegründet. Da aber der Milchbedarf ihrer Molkereien gewöhnlich geringer ist, als das ihnen zur Verfügung stehende Quantum, so wird die überschüssige Milch verkauft. Durch den genossenschaftlichen Absatz wird, wie schon hervorgehoben wurde, der

[1] Nach Berg: Die Milchversorgung der Stadt Karlsruhe.

einzelne mancher Mühe entbunden. An seiner Stelle schließt die Genossenschaft die Verträge mit den Händlern ab, trifft insbesondere die Preisvereinbarungen und besorgt den Versand.

Da wo die Mitglieder nicht selbst ihr tägliches Quantum bei der Sammelstelle abliefern, fährt ein Mitglied oder ein Angestellter des Vereins von Haus zu Haus und holt die gefüllten Kannen ab. Gewöhnlich ist die Sammelstelle im Besitz eines Apparats zur Kühlung der Milch, so daß die Milch in frischem Zustand an ihrem Bestimmungsort ankommt. Zur Regelung des Milchzuflusses nach der Stadt ist gewöhnlich auch eine Zentrifuge vorhanden, die zur Verarbeitung der überschüssigen Milchmengen dient. Besondere Aufmerksamkeit widmen sämtliche Organisationen der Milchkontrolle; dadurch wirken sie in hohem Maße erzieherisch auf ihre Mitglieder. Der Molkereiverband läßt alljährlich die Betriebe der ihm angeschlossenen Verbände revidieren und der betreffende Beamte nimmt im Anschluß daran genaue Milchuntersuchungen vor. Über die Bestrebungen der Produzentenvereinigungen, darauf hinzuwirken, daß die Qualität der von ihren Mitgliedern vertriebenen Milch eine möglichst gute sei, muß sich jeder einverstanden erklären, der mit sozialhygienischem Interesse die städtische Milchversorgung beobachtet.

Ganz anders aber muß die Stellungnahme einer anderen Tendenz dieser Vereinigungen gegenüber sein, die unverhüllt in dem uns vorliegenden Jahresbericht zum Ausdruck kommt, und deren Durchsetzung auch von Berg und anderen als eine durchaus wichtige Seite ihrer Tätigkeit angesehen wird. Es handelt sich um die Preispolitik. Selbstverständlich haben die Produzenten ein Recht darauf, den Produktionskosten entsprechende Preise zu verlangen, dagegen hat kein vernünftig denkender Mensch etwas einzuwenden. Eine Preissteigerung infolge ungenügender Futterernte, die die Verwendung teurer Kraftfuttermittel nötig macht, oder einer durch Seuche bedingten außerordentlichen Milchknappheit wird, so schwer sie auch drücken mag, getragen werden müssen. Anders aber liegen die Dinge in normalen Zeiten, in denen ein zu hoher Milchpreis durchaus nicht berechtigt ist. Schon Ende 1912, besonders aber im Jahre 1913 lagen die Verhältnisse so günstig, daß man auch auf ein Sinken der Milchpreise wohl hätte hoffen können. Aber, wenn man von Mannheim absieht, wo die Preisermäßigung auf eine ganz andere, später zu besprechende Ursache zurückzuführen ist, ist weder in Baden noch im Reich bis jetzt ein Rückgang der Preise zu verzeichnen. Die Produzenten danken dies in erster Linie ihren Organisationen. Sehr deutlich kommt das im Jahresbericht des Molkereiverbandes zum Ausdruck, dort heißt es (Seite 4): „Durch das Eingreifen der Milchproduzentenvereinigungen, die nun für alle badischen Städte gebildet sind, und die sich fast sämtlich dem Badischen Molkereiverband angeschlossen haben und mit ihm in engster Fühlung arbeiten, war es möglich, die Preise im ganzen und großen zu halten. Das Jahr 1912 hat also auch hier gezeigt, was durch genossenschaftliches Zusammenarbeiten auf diesem Gebiete erreicht werden kann. Überall dort, wo der genossenschaftliche Milchabsatz noch keinen Eingang gefunden hat, ist ein Preisabschlag eingetreten, der für die Landwirte Verluste von Tausenden von Mark gebracht hat . . . Durch das Zusammenarbeiten der Milchabsatzgenossenschaften und der Molkereigenossenschaften sind wir mit in der Lage gewesen, den Preisabschlag zu verhindern". Der Nachsatz „und die Städte jederzeit ausreichend mit Milch zu versorgen" ist schwer verständlich, nachdem man auf derselben Seite gelesen hat, daß infolge der außerordentlich günstigen Futterverhältnisse des Frühjahrs 1912 „eine starke Milchüberproduktion" eingetreten ist. Daß überall da, wo die Organisationen der Produzenten festgefügt sind, sie die gleiche Preispolitik durchführen, geht auch aus einer Stelle bei Mülhaupt [1], der bei aller Sympathie mit diesen Verbänden die Objektivität nicht vergißt, hervor; er schreibt: „Wie wäre endlich ohne die Existenz der Milchringe die Tatsache zu erklären, daß die Steigerung der Preise gerade in den Gegenden am stärksten war, die zu den milchreichsten zählen, in der Schweiz und in Württemberg. Dies kann nur daher rühren, daß diese Gebiete auch die kartellreichsten waren".

Während in Karlsruhe die Produzenten dazu übergegangen sind, durch Errichtung einer Milchzentrale den Kleinhandel auszuschalten, haben sie in Mannheim diesen Schritt nicht unternommen. Da wir in einem andern Zusammenhang noch darauf zurückkommen werden, so sei hier nur erwähnt, daß diese Ausschaltung des Handels *nicht*, wie so oft von den Interessenten behauptet und von Konsumenten erhofft wird, eine Preisermäßigung gebracht hat.

---

[1] Mülhaupt S. 63.

Nachdem das wesentliche über die Produzentenvereinigung gesagt ist, können wir uns nun mit den Großhändlern, die das Verbindungsglied zwischen den Produzenten und den städtischen Kleinhändlern bilden, beschäftigen. Diese finden besonders dort, wo die Bauern noch nicht organisiert sind, ein Feld der Tätigkeit; sie können, wenn sie einiges Talent besitzen, direkt als Pioniere wirken und dem städtischen Milchbedarf neue Versorgungsquellen eröffnen. Als besonders interessant möchten wir hier einen für Mannheim wichtigen Fall nennen. Unsere Stadt verdankt einem solchen Sammler eine Bezugsquelle in Rheinhessen, die heute von größter Wichtigkeit ist, da sie mindestens ein Achtel des Mannheimer Milchbedarfs deckt. Der betreffende Zwischenhändler hatte im ersten Jahr seiner Tätigkeit einen Umsatz von kaum 1000 l täglich, während er heute nach verhältnismäßig kurzer Zeit über 25 000—30 000 l täglich verfügt; er errichtete eine Sammelstelle in einem Gebiete, das an sich sehr milchreich ist, für dessen Bewohner aber die Möglichkeit fehlte, durch einen systematischen Milchabsatz ihre Einnahmen zu erhöhen, da sie zerstreut in vielen kleinen Orten oft fernab von der Bahn wohnen. Nun bringen sie ihre Milch zu dieser Sammelstelle, die etwa im Zentrum liegt und brauchen sich um den weiteren Versand nicht zu kümmern. Ein Beispiel für viele! Die meisten Zwischenhändler sind, wie der ebengenannte im Besitze von Molkereien, wo die überschüssige Milch verarbeitet wird.

Daß der Zwischenhandel den städtischen Milchpreis mehr verteuere, als es die Preispolitik der Produzentenverbände ohnehin schon tut, muß bestritten werden. Der Milchpreis, den der städtische Händler und zuletzt der Konsument bezahlt, wird durch die Produzenten bestimmt, denn der Sammler kann, da sonst immer die Gefahr besteht, daß der Kleinhändler ihn ausschaltet und seinen Bedarf direkt beim Produzenten deckt, nie einen höheren Preis erzielen, als den, der dem Produzenten bezahlt wird.

Mit diesen Ausführungen über die Funktionen der Produzentenorganisationen und der Großhändler sind wir mit unserem ersten Teil, der der Bedarfsdeckung gewidmet war, zu Ende, und werden nun zum zweiten Teil, der die Distribution zum Gegenstand hat, übergehen.

Zweiter Teil: Die Distribution in Mannheim.

I. Die ortspolizeilichen Vorschriften und die Milchkontrolle.

Die in Mannheim zum Verkauf gelangende Milch unterliegt der Kontrolle der Polizeiorgane und des Städtischen Nahrungsmitteluntersuchungsamtes. Daher ist es zweckmäßig, vor der Schilderung des Verteilungsprozesses diesen Institutionen unsere Aufmerksamkeit zuzuwenden, die in hohem Maße die Versorgung der Bevölkerung mit den Anforderungen der Hygiene entsprechender Milch zu fördern vermögen.

Die Milch, das wertvollste der tierischen Nahrungsmittel, ist sehr stark der Verderbnis und Verfälschungen ausgesetzt. Die normale Vollmilch enthält nach Beythien im Durchschnitt etwa folgende Bestandteile:

Wasser	87,75 %
Fett	3,40 %
Stickstoffhaltige Bestandteile	3,50 %
Milchzucker	4,60 %
Mineralbestandteile (Asche)	0,75 %

Doch ist die Zusammensetzung der Milch Schwankungen unterworfen, die bedingt sind durch Rasse, Alter, Laktation, Melkzeit; ferner ist eine Mischmilch -- sogenannte Sammelmilch — in ihrer Zusammensetzung gleichmäßiger als das Gemelke einer einzelnen Kuh.

Die Konsumenten haben natürlich ein Interesse daran, eine reine, unverdorbene, unverfälschte, möglichst fettreiche Milch zu erhalten. Aufgabe der Nahrungsmittelpolizei ist es, die Gewähr hierfür zu bieten. Da das oft geforderte Reichsmilchgesetz noch nicht besteht, haben die örtlichen Behörden, gestützt auf die Reichsgesetzgebung über den Verkehr mit Nahrungsmitteln und Bestimmungen der ihnen übergeordneten Bundesstaaten Verordnungen über den Verkehr mit Milch erlassen.

Diese Verordnungen werden durch die Kontrolle, mit deren Durchführung besondere Organe beauftragt sind, aufs wirksamste unterstützt.

Das Mannheimer Milchregulativ vom Dezember 1910 über den Verkehr mit Milch im Amtsbezirk Mannheim statuiert im § 1 eine Anmeldepflicht für sämtliche Geschäfte, die sich mit dem Verkauf von Milch befassen. Durch diese Bestimmung wird die Möglichkeit einer eingehenden Milchkontrolle geschaffen. Der folgende, wichtigste Paragraph enthält die Vorschriften, die am bedeutsamsten den Verkehr mit Milch in Mannheim beeinflussen, er lautet:

„Frische (süße) Milch darf nur als Vollmilch I oder II (ganze Milch) oder als Magermilch (siehe § 1) feilgehalten oder verkauft werden. Als Vollmilch I oder II darf nur Milch bezeichnet werden, welche keine Zusätze enthält und in keiner Weise entrahmt oder sonstwie verändert ist; sie muß durch vollständiges Ausmelken gewonnen sein. Vollmilch I muß einen Fettgehalt von wenigstens 3 %, mindestens 11,5 % Trockensubstanz und ein spezifisches Gewicht von 1,029 bis 1,034 bei 15° C haben. Unveränderte Milch, die diesen Anforderungen nicht entspricht, darf nur als Vollmilch II feilgehalten, verkauft oder eingeführt werden.

Als Magermilch (abgerahmte Milch) gilt jede Milch, welche auch nur teilweise abgerahmt ist, insbesondere auch jedes Gemisch von Vollmilch mit abgerahmter Milch."

Dieser Paragraph setzt also die unterste Grenze des Fettgehaltes für Vollmilch I auf 3 % fest. Nicht von allen Städten wird ein bestimmter Mindestfettgehalt verlangt, so nicht von der badischen Residenzstadt Karlsruhe und von München; beide Städte verlangen nur, daß die Milch einer Kuh oder Sammelmilch aus dem Gemelke mehrerer Kühe nur in unverändertem frischen Zustande feilgehalten werden dürfe.

Die Ansichten über die Notwendigkeit der Bestimmung eines Mindestfettgehaltes sind geteilt. Von der einen Seite wird geltend gemacht, daß die Festsetzung einer Grenze schon deshalb nicht angebracht sei, weil es eine Normalmilch nicht gebe, sondern die Zusammensetzung des Gemelkes Schwankungen unterliege. Dies ist allerdings Tatsache, doch sind die Schwankungen in normalen Zeiten nie derartig, daß sie nicht durch Vermischen mit der Milch anderer Kühe ausgeglichen werden könnten. Ferner wird behauptet, daß der Preis der Milch unbedingt steigen müsse, wenn ein hoher Fettgehalt verlangt werde, während es dann andererseits auch vorkommen könne, daß die Grenze für den Fettgehalt zu tief bemessen werde, und in diesem Fall ein Sinken der Qualität der gelieferten Milch zu befürchten sei, da jede Milch als normal angesehen werde, wenn sie den Mindestgrad des vorgeschriebenen Gehaltes erreiche. Diese Argumentationen dürften nicht stichhaltig sein, insbesondere die Behauptung, die Festsetzung eines hohen Fettgehaltes verteuere die Milch, dürfte kaum zu beweisen sein. Der Preis müßte sonst auch in Mannheim, wo ein ziemlich hoher Fettgehalt verlangt wird, höher sein als im benachbarten Heidelberg oder in Karlsruhe, wo man eine derartige Bestimmung nicht kennt; dies ist aber nicht der Fall. Daß die Grenze zu weit nach unten verschoben wird, ist nicht wahrscheinlich, da dies dem Interesse der Konsumenten, um derentwillen doch derartige Bestimmungen in erster Linie getroffen werden, widerspricht. Ein Fehler in dieser Hinsicht dürfte überdies bei einiger Vorsicht zu vermeiden sein, da es sehr leicht ist, durch Prüfung den mittleren Fettgehalt der Milch in einer bestimmten Gegend zu ermitteln, und darnach die Grenze zu normieren.

Im Gegenteil, die Festsetzung einer Mindestgrenze macht sich nur günstig bemerkbar. Ist keine Grenze festgesetzt, so muß jede Milch, wenn kein anderer Grund zur Beanstandung vorliegt, vom Publikum auch dann angenommen werden, wenn der Fettgehalt niedrig ist, sofern keine absichtliche Veränderung vorgenommen wurde; das Publikum aber, das die Milch teuer bezahlt, hat auch einen Anspruch darauf, daß ihr wertvollster Bestandteil in reichlichem Maße vorhanden ist. Von besonders großer Bedeutung ist der Fettgehalt der Milch ferner für die Ernährung der Säuglinge, daher ist auch im Interesse der Säuglingsfürsorge die Festsetzung einer Grenze wünschenswert, so lange noch ein so großer Teil dieser Kinder auf den Genuß von Marktmilch angewiesen ist. Sehr interessant ist in bezug auf diesen Punkt der Bericht des Nahrungsmitteluntersuchungsamtes in Mannheim für das Jahr 1912, dem wir folgende Zusammenstellung über den Fettgehalt der eingelieferten Milchproben entnehmen:

Fettgehalt	Zahl der Proben	Prozentsatz der Proben
unter 1 %	1	0,0 %
1 —1,95 %	18	0,5 %
2 —2,95 %	658	17,8 %
3 —3,45 %	1 317	35,7 %
3,5—3,95 %	1 322	35,8 %
4 —4,95 %	338	9,1 %
über 5 %	39	1,1 %

Der bei weitem größere Teil der untersuchten Proben (81,7 %) wies also einen Fettgehalt über 3 % auf, während unter 3 % nur 18,3 % der Proben blieben. Der Bericht sagt zu dieser Feststellung: „Diese von uns wiederholt festgestellte Tatsache zeigt aufs neue, daß der für eine Vollmilch (respektiv Vollmilch I) in den bezirkspolizeilichen Vorschriften aufgestellte Minimalfettgehalt von 3 % durchaus keine unbillige Anforderung bedeutet". Wir können dieser Ansicht nur zustimmen.

Von Wichtigkeit sind auch die Vorschriften über die Milchgefäße. Aus der Aufschrift muß deutlich zu ersehen sein, um welche Milchsorte es sich handelt, sämtliche Milchgefäße müssen durch genau passende Deckel fest verschließbar sein. § 10 enthält die Vorschrift, daß Milch von auswärts nur in plombierten Kannen eingeführt werden darf, auf denen Name, Stand und Wohnort genau ersichtlich sind. Diese Bestimmung ist von großer Wichtigkeit und bedeutet besonders für den Händler einen Schutz, denn so lange die Plombe unverletzt ist, haftet natürlich nicht dieser, sondern sein Lieferant für etwaige Mängel der Milch.

§ 15 bestimmt unter anderem: „Die in den Verkehr gebrachte Milch muß frei sein von allen Verunreinigungen und fremdartigen Stoffen, insbesondere muß sie in einem solchen Zustand der Reinheit zum Verkauf kommen, daß bei halbstündigem Stehen eines halben Liters Milch in einem Gefäß mit durchsichtigem Boden, ein Bodensatz nicht beobachtet werden kann".

Besondere Anforderungen sind im Interesse der Hygiene an die Räume zu stellen, in denen Milch aufbewahrt und verkauft wird. Die hauptsächlichsten Vorschriften, die das Regulativ in den beiden besonders in Betracht kommenden Paragraphen (17 und 18) in dieser Hinsicht enthält, sind folgende: „In Räumlichkeiten, die zum Wohnen, Schlafen oder zur Unterbringung Kranker benutzt werden, darf für den Verkauf bestimmte Milch nicht aufbewahrt werden, auch sind solche Räume von den Milchaufbewahrungs- und Verkaufsräumen getrennt zu halten . . Diese Räume sind möglichst ausgiebig zu lüften. Der Fußboden ist durch nasses Aufziehen täglich, der ganze Raum, Fenster, Türen usw. mindestens einmal wöchentlich gründlich zu reinigen . . . In Milchverarbeitungs-, Aufbewahrungs- und Verkaufsräumen dürfen keine übelriechende, in Fäulnis, Zersetzung begriffene Gegenstände, keine Futtervorräte, Kleidungsstücke, Wäsche, Chemikalien, überhaupt keine Gegenstände aufbewahrt werden, welche auf die Beschaffenheit, den Geruch der Milch nachteiligen Einfluß haben können".

Wenn wir die entsprechende Bestimmung des Münchener Milchregulativs[1], das uns in dieser Hinsicht besonders vorbildlich erscheint, zum Vergleich heranziehen, so ist ersichtlich, wie milde die Mannheimer Vorschrift gehalten ist. Für München gelten folgende Bestimmungen (§ 38): „Die für den Verkehr mit Milch bestimmten Räumlichkeiten dürfen hierfür erst benützt werden, wenn sie auf ihre Tauglichkeit für diesen Zweck durch die städtischen Aufsichtsorgane geprüft worden sind, und der Magistrat die Benützung genehmigt hat", und ferner (§ 40): „neben der Milch dürfen im gleichen Lokal nur noch Brot, Butter, Butterschmalz, frischer Topfen, Honig in verschlossenen Gläsern und ausgepackte Eier aufbewahrt werden, und zwar in einem derartig beschränkten Maße, daß hierdurch der Charakter des Milchgeschäftes als solcher nicht verdrängt wird".

Da wir auch in dem Abschnitt, der sich speziell mit dem Milchhandel beschäftigt, auf die Bedeutung derartiger Vorschriften eingehen werden, sei hier nur gesagt, daß uns die Bestimmung des Münchener Milchregulativs durchaus berechtigt erscheint.

Wir gehen nicht näher auf die ganz selbstverständliche Vorschrift ein, daß Personen, die an ansteckenden Krankheiten oder unreinen

---

[1] Zitiert bei Schreiber: S. 194.

Wunden leiden oder mit der Pflege dieser Personen betraut sind, sich mit der Behandlung der Milch nicht befassen dürfen, und wenden uns nur noch kurz den Bestimmungen zu, die für die unter „amtlicher Kontrolle" stehenden Ställe erlassen sind. Wichtig sind die Paragraphen, in denen eine besonders sorgfältige Reinhaltung der Ställe vorgeschrieben ist, und in denen bestimmt wird, daß nur Kühe solcher Rasse eingestellt werden dürfen, die eine Milch von mindestens 3,5 % Fettgehalt geben, die nachweislich gesund sind, insbesondere 36 Stunden nach der Impfung mit Kochscher Lymphe keine Krankheitszeichen aufweisen und nicht über 10 Jahre alt sind. Die Tiere sollen möglichst mit trockenem Futter gefüttert werden, geringe Zusätze von einwandfreiem Grünfutter sind gestattet.

Die Milchkontrolle.

Die Bestimmungen über die Milchkontrolle besagen, daß „die Besichtigung der Milch, die Ermittlung ihres spezifischen Gewichtes, die Probeentnahme sowie die Erhebung der Stallproben durch Polizeibeamte, Offizianten der Nahrungsmittelpolizei, die Schutzmannschaft und die Gendarmerie erfolgt. Die chemische Untersuchung der Milch erfolgt durch das Städtische Untersuchungsamt in Mannheim, soweit von den Gemeinden keine eigenen Untersuchungsstellen eingerichtet sind". Die mit der Überwachung betrauten Personen sind berechtigt, die zum Milchtransport dienenden Fuhrwerke zu kontrollieren, wie überhaupt jederzeit die Milch zu untersuchen, die in Läden, in Verkaufsstellen, an öffentlichen Plätzen usw. zum Verkauf kommt.

In Mannheim machen täglich drei Beamte von früher Morgenstunde an die Runde, unvermittelt tauchen sie bald hier, bald da auf und prüfen, ob die zum Verkauf gelangende Milch den behördlichen Anforderungen entspricht. Ergibt die Untersuchung, daß die Milch in irgendeiner Hinsicht den gesetzlichen Vorschriften nicht genügt, oder läßt sie auch nur einen Verdacht zu, so entnimmt der Beamte eine Probe, die vom Städtischen Untersuchungsamt aufs genaueste untersucht wird. Der Beamte hat die Pflicht, auf Verlangen dem Verkäufer eine versiegelte Gegenprobe zu verabreichen. Seiner Tätigkeit kommt mehr die Aufgabe einer Vorkontrolle zu, während das Städtische Untersuchungsamt die Hauptkontrolle durch detaillierte Untersuchung vorzunehmen hat. Entsprechend der großen Wichtigkeit, die diesen Untersuchungen beizumessen ist, und dem Raffinement, mit dem oft Fälschungen vorgenommen werden, sind die Methoden, die zur Anwendung kommen, aufs beste ausgearbeitet, doch ist hier nicht der Ort, näher auf Einzelheiten einzugehen. Es sei nur erwähnt, daß die Untersuchung sich erstreckt: auf spezifisches Gewicht, Fettgehalt, Wassergehalt, Vorkommen von Salpetersäure (da natürliche Milch keine Salze der Salpetersäure enthält, wohl aber das Wasser, so deuten Vorhandensein von Nitraten auf Wässerung hin), Schmutzgehalt, Säuregrad. Die Ergebnisse dieser Untersuchungen dienen allerdings nur zur Erkennung gröberer Verfälschungen. Wenn es sich um geringere Abweichungen von der normalen Zusammensetzung der Milch handelt, oder wenn man den Grad der Verfälschung feststellen will, so muß eine Stallprobe entnommen werden. Durch Vergleich der Analysenwerte der beanstandeten Probe mit denen der Stallprobe kann unzweifelhaft konstatiert werden, ob eine Verfälschung vorliegt, und in welchem Maße diese vorgenommen wurde.

Die Zahl der Proben, die jährlich zur Untersuchung gelangen, ist recht erheblich; sie wird dadurch erhöht, daß es selbstverständlich auch Privaten jederzeit gestattet ist, Milch zur Untersuchung einzuliefern. Es ist erfreulich, daß auch Milchhändler, sowie Produzenten und Zwischenhändler des öfteren von dieser Möglichkeit Gebrauch machen. Im Jahre 1912 kamen rund 4000 Proben zur Untersuchung.

Um zu zeigen, wie ersprießlich die Milchkontrolle wirkt, sei nur erwähnt, daß die Zahl der Beanstandungen wegen Schmutzgehalt im Jahre 1912 gegenüber dem Vorjahre, in dem die neuen bezirkspolizeilichen Vorschriften in Kraft traten, bedeutend zurückgegangen sind. Der Jahresdurchschnitt betrug immerhin noch 19,2 % aller Beanstandungen und übertrifft damit den aller übrigen. Diese Tatsache zeugt dafür, wie sehr es manche Kreise bei der Behandlung der Milch in Hinsicht der nötigen Reinlichkeit noch fehlen lassen.

Zum Schluß sei noch einer Maßnahme Erwähnung getan, die vorübergehend in Mannheim eingeführt war, aber durch Erlaß des Großherzoglichen Ministeriums des Innern außer Kraft gesetzt wurde. Es wurde nämlich in Übereinstimmung mit dem Stadtrat der Fettgehalt aller Proben in den Zeitungen veröffentlicht. Auf die berechtigte Beschwerde der Interessenten hin, schritt die Behörde durch ein Verbot ein. Es kann leicht vorkommen, daß die Milch eines durchaus reellen Händlers einmal aus irgendwelchen Gründen den Anforderungen nicht ganz entspricht, in diesem Falle dürfte aber eine Verwarnung von seiten der maßgebenden Stellen vollauf genügen, Abhilfe zu schaffen, ohne daß der Betreffende wirtschaftlich geschädigt wird, wie dies der Fall sein kann, wenn sein Name durch Veröffentlichung in den Zeitungen in den Augen eines unkritischen Publikums für längere Zeit gebrandmarkt wird.

Im weiteren Verlaufe unserer Abhandlung wird noch manchmal auf den Zusammenhang zwischen ortspolizeilichen Vorschriften und Charakter des Milchhandels zurückzukommen sein.

II. Der Milchverbrauch pro Kopf der Bevölkerung.

Ehe wir dazu übergehen, die Verteilungsvorgänge zu besprechen, wollen wir noch kurz einiges sagen über den Milchverbrauch pro Kopf der Bevölkerung, der sich aus unsern Angaben über Eigenproduktion, Achsenzufuhr und Zufuhr auf dem Bahnwege berechnen läßt. Dabei betonen wir aber ausdrücklich, daß wir die Berechnung in der Hauptsache deshalb vornehmen, weil wir glauben, dadurch den Eindruck, den wir durch die absoluten Zahlen erhalten haben, etwas plastischer gestalten zu sollen, nicht aber, um besondere Schlüsse daraus zu ziehen.

Die Höhe der Kopfquote des Verbrauchs besagt sehr wenig darüber, ob dieser als ausreichend oder zu gering, als besonders hoch oder niedrig anzusehen ist. Darüber könnte man erst urteilen, wenn man feststellen könnte, wie der Verbrauch sich auf die einzelnen Bevölkerungsschichten verteilt. Im allgemeinen ist der Milchkonsum der jüngeren Altersklassen der Bevölkerung höher als der der älteren. Aber nicht nur der Altersaufbau der Bevölkerung ist von Einfluß auf den Bedarf einer Stadt, sondern vor allem auch die soziale Gliederung. So kann in einem Orte, in dem sehr viele wohlhabende Leute wohnen, der Konsum deshalb hoch sein, weil diese nicht nur zu Trinkzwecken, sondern besonders auch zur Herstellung von Speisen aller Art eine größere Menge Milch verbrauchen, als die unbemittelteren. Es sind daher wohl Fälle möglich, in denen der Milchkonsum pro Kopf der Bevölkerung hoch erscheint, aber doch große Teile der Einwohnerschaft nicht genügend Milch genießen. Auch die durch den Fremdenverkehr hervorgerufenen Verschiebungen in der Zahl der Konsumenten sind in Betracht zu ziehen. So wird wahrscheinlich die für München berechnete Kopfquote von etwa 150 Liter im Jahre 1908, bei dessen ausgeprägtem Charakter als Fremdenstadt, als zu hoch angesehen werden dürfen. Denn bei Berechnung dieser Zahl kann natürlich aus technischen Gründen nur die Einwohnerzahl zugrunde gelegt werden, während die absolute Höhe des Verbrauchs durch den Anteil der Fremden mitbestimmt wird.

Für Mannheim ergibt sich unter Zugrundelegung des Durchschnitts von 194 000 der mittleren Einwohnerzahlen 1910/11 bei einem Gesamtverbrauch von rund 25 630 000 l eine Kopfquote von rund 132 l jährlich, d. h. ungefähr 0,36 l pro Tag. Gegenüber dem Durchschnitt der Jahre 1902/03 ist eine Erhöhung von fast 2 l pro Kopf der Bevölkerung eingetreten; damals berechnete man eine Quote von 130,3 l pro Kopf der Bevölkerung. Um wenigstens einige Anhaltspunkte dafür zu gewinnen, wie der Mannheimer Verbrauch zu beurteilen ist, seien hier einige Daten über den Milchkonsum in andern Städten mitgeteilt. Es betrug der Milchkonsum pro Kopf der Bevölkerung nach Beukemann 1903 in Heidelberg 131,1 l; Freiburg 181,1 l; Berg berechnete für Karlsruhe eine Quote von 0,501 l pro Tag im Jahre 1908, also etwa 167 l im Jahre. Der Milchkonsum in der badischen Residenz, vor allem aber der in Freiburg, übertrifft also den Mannheimer bedeutend. Doch hat Mannheim einen höheren Konsum pro Kopf der Bevölkerung, als viele von Beukemann zitierte norddeutsche Städte, darunter Berlin, Köln, Düsseldorf, Hannover, wie überhaupt im allgemeinen in Süddeutschland der Milchkonsum pro Kopf der Bevölkerung (nach den Ausführungen Beukemanns) höher ist als jenseits der Mainlinie.

Ob nun die Mannheimer Ziffer als hoch oder niedrig angesehen werden muß, wollen wir nicht entscheiden. Allerdings, wenn man die Forderungen des Hygienikers Kaup als Maßstab nimmt, wird man die auf den Mannheimer Einwohner entfallende Quote als ungenügend ansehen müssen, denn er wünscht vom volksgesundheitlichen Standpunkt aus, daß der Milchkonsum der städtischen Bevölkerung auf 200 l im Jahre, also mehr als $^1/_2$ l täglich anwachsen möge. — Ob sein Ziel wohl je erreicht wird, ist sehr fraglich.

III. Der Milchverkauf durch die städtischen Produzenten und die Einbringer.

Für die Deckung des Mannheimer Milchbedarfs kommen, wie wir gesehen haben, die städtischen Produzenten und die Einbringer aus der Umgegend nur in geringem Maße in Betracht. Beide nehmen

XI. 1. Der Milchverkauf der Produzenten.

a) Gesamter Milchvorrat und Milchhandel.

Stadtteile	Zahl der Kuhställe ohne Zukauf von Milch	Zahl der Kuhställe mit Zukauf von Milch	Zugekaufte Milch (l)	Dazu erzeugte Vollmilch (l)	Gesamter Milchvorrat (l)	Zahl der Kuhställe mit nur Selbstverbrauch	Verkauf nur an Konsumenten	Verkauf nur an Händler	Verkauf an Händler und Konsumenten
Mannheim-Altstadt . . .	9	—	—	502	502	2	6	—	1
Käfertal . . .	77	5	614	1 120	1 734	5	36	23	18
Neckarau . .	65	3	264	706	970	4	63	—	1
Feudenheim .	81	13	762	1 700	2 462	3	51	12	27
Mannheim insgesamt . .	232	21	1 640	4 028	5 668	14	156	35	47

b) Verkauf an Händler.

Stadtteile	Zahl der Ställe	Davon lieferten an Händler täglich . . Liter 1—5	über 5 bis 10	über 10 bis 20	über 20 bis 30
Mannheim-Altstadt	—	—	—	—	—
Käfertal	41	15	14	9	3
Neckarau	1	1	—	—	—
Feudenheim	39	12	12	12	3
Mannheim insgesamt . . .	81	28	26	21	6

indes durch ihre Beteiligung am Milchverkauf an die Konsumenten innerhalb der Stadt eine besondere Rolle ein; sie verkörpern ein Stücklein guter alter Zeit, einen letzten dahinsterbenden Rest. Unter teilweiser Ausschaltung des städtischen Handels liefern sie die Milch direkt in die einzelnen Haushaltungen. Allerdings ist diese vielen ideal erscheinende direkte Verbindung zwischen Erzeuger und Verbraucher in reiner Form in Mannheim gar nicht mehr vorhanden, wie aus den Tabellen (S. 51 und 52) hervorgeht, aus denen ersichtlich ist, daß die städtischen Kuhstallbesitzer einen Teil ihres Gesamtvorrats an Händler verkaufen, daß ferner die Lieferanten von Achsenmilch nicht ausschließlich Haushaltungen versorgen, und daß beide nicht nur selbsterzeugte Milch verkaufen. Heute, wo die meisten Städte darauf angewiesen sind, ihren Milchbedarf aus größerer Ferne zu decken, ist der enge Kontakt verloren gegangen; nur noch in Klein- und Mittelstädten dürfte er zu finden sein.

XI. 2. Der Milchverkauf der Einbringer.

a) Milchvorrat.

Zahl der Einbringer	Davon hatten einen Vorrat von .... Litern											
	über 40 bis 50	über 80 bis 90	über 100 bis 150	über 150 bis 200	über 200 bis 250	über 250 bis 300	über 300 bis 400	über 400 bis 500	über 500 bis 600	über 600 bis 700	über 700 bis 800	über 800 bis 900
27	3	1	6	5	4	2	3	1	1	—	—	1

b) Milchhandel.

Zahl der Einbringer	Eingeführte Menge insgesamt 1	Davon lieferten						
		nur an gewöhnliche Haushaltungen	nur an Milchverarbeitungsgeschäfte	nur an Milchhändler	an Haushaltungen, Händler und Molkereien	an Haushaltungen und Milchverarbeitungsgeschäfte	an Händler und Milchverarbeitungsgeschäfte	an Händler, Haushaltungen, Milchverarbeitungsgeschäfte
27	6 239	8	—	3	3	7	1	5

Allzusehr darüber zu trauern, ist nicht nötig. Allerdings kann der Milchpreis da billiger sein, wo der Kleinhandel ausgeschaltet ist, da seine Spesen und sein Verdienst nicht zu bezahlen sind. Aber sobald der Handel überhaupt einmal entstanden ist, wird der Vorteil, der durch die direkte Verbindung zwischen Produzent und Konsument für diesen in Hinsicht des Preises bis dahin vielleicht vorhanden war, illusorisch werden, denn der Produzent kann nun den Preis, zu dem er die Milch verkauft, dem anpassen, den der Händler verlangen muß, um auf seine Kosten zu kommen. Meist wird er diese Gelegenheit benutzen. Wohnt der Produzent zudem in der Stadt, so sind ohnedies seine Produktionskosten hoch, und der Preis kann schon aus diesem Grund nicht wesentlich niedriger sein, als der, den der Händler verlangt. In Mannheim erzielen die wenigen noch vorhandenen Produzenten dieselben Preise, wie die Händler. Die städtischen Verbraucher haben also keinen wirtschaftlichen Vorteil dadurch, daß sie ihre Milch aus erster Quelle beziehen.

In hygienischer Hinsicht ist gegenüber der von auswärts gelieferten nur die in amtlich kontrollierten Ställen erzeugte Milch besonders empfehlenswert. Doch ist der Preis infolge der außerordentlich hohen Produktionskosten so hoch, daß diese Milch für die Allgemeinheit nicht in Frage kommt.

Wir haben also keine Ursache, länger bei der Vergangenheit zu verweilen und beschäftigen uns nun mit den heutigen Formen des Milchvertriebs.

IV. Die städtischen Milchhändler.

Als Verbindungsglied zwischen den weit im Land zerstreuten Produzenten und den städtischen Verbrauchern hat sich der Handel eingeschoben. Von der Funktion, die der Milchaufkäufer als Großhändler ausübt, haben wir schon gesprochen. Jetzt wird uns die des städtischen Händlers, die Versorgung der vielen tausend Einzelhaushaltungen beschäftigen.

Wie an anderer Stelle gezeigt wurde, ist die Ausübung des Milchhandels an die Erfüllung gewisser bezirkspolizeilicher Vorschriften gebunden; diese sind in Mannheim nicht sehr streng, daher die große Zahl kleiner und kleinster Milchgeschäfte — 1910 waren es 471 —, die allerdings nicht für Mannheim allein charakteristisch ist, sondern auch in andern Städten anzutreffen ist.

Der Milchhandel wird noch heute oft als ein Geschäftszweig betrachtet, zu dessen Ausübung keine besondere Vorbildung nötig ist. Hat man ein wenig Geld, um die Miete eines primitiven Raumes bezahlen zu können, und eventuell einem Vorgänger für Überlassung der Kundschaft eine kleine Entschädigung zu zahlen, so kann ein Milch- und Viktualiengeschäftchen eröffnet werden, dessen Inhaber oft nicht einmal die einfachsten Methoden der Prüfung der Milch kennt, nichts weiß von den Anforderungen, die die Hygiene an Behandlung und Aufbewahrung dieses Nahrungsmittels stellt. Die Aufbewahrungs- und Verkaufsräume entsprechen manchmal kaum den bescheidensten Ansprüchen. Mit Schuld an diesen ungesunden Zuständen trägt wohl auch die Tatsache, daß der Handel mit Milch in vielen Fällen nur den Charakter eines Nebenerwerbes trägt, dadurch wird er oft nicht mit der nötigen Aufmerksamkeit betrieben. Hier sind besonders die Fälle zu erwähnen, in denen der Mann einen Beruf hat, und daneben die Frau in seinem Namen ein kleines Geschäft führt, um zum Verdienst des Mannes einen kargen Zuschuß zu gewinnen. Die Zahl der Geschäfte, die auf diese Weise von Frauen betrieben werden, ist nicht festzustellen, da als Inhaber der Mann registriert ist; zu erfassen ist nur die Zahl der Frauen, die selbständige Geschäftsinhaberinnen sind; von ihnen wird an anderer Stelle noch gesprochen werden.

Geschäfte, die sich nur mit dem Milchhandel befassen, sind in Mannheim verhältnismäßig wenige vorhanden. Zumeist betreibt der Milchhändler daneben ein Kolonialwarengeschäft oder der Kolonialwaren- oder Viktualienhändler verkauft neben den übrigen Waren eine bestimmte Menge Milch täglich. Derartigen Verbindungen wird dadurch Vorschub geleistet, daß das Mannheimer Regulativ nur wenige Gegenstände nennt, die zusammen mit Milch nicht aufbewahrt und feilgehalten werden dürfen. Wären, wie in München, nur Butter usw. (siehe auch Seite 46) erlaubt, also lauter geruchlose Gegenstände, die auch keinen schädlichen Staub erzeugen, so wären dies absolut keine unbilligen Vorschriften. Wir sind doch auch gewohnt, beim Bäcker nur Backwaren, beim Metzger nur Fleisch kaufen zu können. In Mannheim wird die Milch im selben Raume ausgemessen, in dem nicht selten stark riechende und stauberzeugende Waren ausgewogen werden. Bei bester Absicht ist es dem Verkäufer, besonders wenn mehrere Kunden warten, nicht immer möglich, dem Gebot der Reinlichkeit nachzukommen. In größeren Geschäften, wo die Milch in einem eigenen Raum oder geschlossenem Eisschrank aufbewahrt wird, sind die Zustände zufriedenstellend, dagegen des öfteren wohl häufig nicht in kleineren, wo die Milchkannen in offenen Gefäßen, mit Wasser- oder Eisfüllung kühl gehalten werden, und wo leicht aus Unvorsichtigkeit im Drange der Geschäfte der Deckel der Milchkanne offen bleibt. Es wäre dringend zu wünschen, daß bei einer etwaigen späteren Revision des Mannheimer Milchregulativs die Behörde nach dem Münchener Vorbild etwas mehr Strenge obwalten ließe.

Nun ist es ja sicher der Fall, daß in den Geschäften nur der kleinere Teil der Milch zum Verkauf gelangt. Meistens wird sie ins Haus geliefert, und man geht nur bei außergewöhnlichem Bedarf in den Laden. Aber auch die Art und Weise, wie die Milch von Haus zu Haus gebracht wird, läßt sehr zu wünschen übrig. Wir wollen davon absehen, daß die ganz kleinen Händler sie ungeschützt vor Sonne und Regen, von Haus zu Haus tragen oder in offenen Handwagen fahren; die größeren besorgen dies meist in Wagen mit Durchlüftung, wo für die Frischhaltung der Milch besser gesorgt ist. Aber auf einen Mangel müssen wir aufmerksam machen, nämlich darauf, daß die Art, wie heute die Versorgung der Haushaltungen geschieht, durchaus unrationell ist. Schuld daran trägt die Tatsache, daß jeder Haushalt seinen bestimmten Lieferanten hat, der sein Vertrauen genießt. So ist es möglich, daß in einem Haus genau so viel Milchhändler ein- und ausgehen, wie Parteien darin wohnen. (Man vergegenwärtige sich, was das z. B. bei einer Mietkaserne bedeutet.) Die Folge davon ist, daß ein Händler seine Kunden in den verschiedensten Stadtteilen aufzusuchen hat; das Geschäft, das eine Person erledigen könnte, wenn die Kunden näher beisammen wohnen würden, erfordert zwei, drei Arbeitskräfte. So lange die Zahl der Milchhändler noch so groß ist, so lange noch nicht alle des gleichen Vertrauens des Publikums würdig sind, können diese Zustände schwerlich gebessert werden. Anders wird es werden, wenn eine Konzentration eintritt, wenn eine kleine Anzahl größerer Betriebe die Versorgung in der Hand hat. Diese können den Betrieb rationeller organisieren, dadurch Geldersparnisse machen, die auch dem Publikum zugute kommen können. In dieser Hinsicht ist der Kleinbetrieb dem Großbetrieb entschieden unterlegen.

Die soziale Lage der Milchhändler ist gewiß nicht die beste. Wohl haben einige einen Umsatz, der ihnen eine gut bürgerliche Lebenshaltung ermöglicht, sicher nicht das Gros der kleinen und kleinsten Milchhändler, die oft eher eine Proletarierexistenz führen müssen. Wie bei wenig andern Waren, ist bei der Milch ein großer Umsatz nötig, damit über die Deckung der Unkosten hinaus ein Gewinn erzielt wird. Auch die Tatsache, daß der Bedarf an Milch ein schwankender ist, ist gerade für die kleineren Milchhändler sehr unangenehm. Sie sind selten im Besitz von Maschinen zur Verarbeitung der Milch, daher wird ihnen mancher Liter verderben und ihr Verdienst geschmälert werden an Tagen, wo der Bedarf aus irgendwelchen Gründen niedriger ist, als sie angenommen haben. Daß es Fälle gibt, in denen der Milchhändler seinen Kunden bis zum Ende der Woche und noch darüber hinaus borgen muß, ist wiederum im Interesse der kleineren Händler sehr zu bedauern; um diesem Übelstande abzuhelfen, haben manche sich entschlossen, ihre Kundschaft durch Einführung des Rabattmarkensystems an Barzahlung zu gewöhnen. Eine große Zahl von kleineren Händlern beziehen ihre Milch von Kollegen, denen sie gewöhnlich 1—$1^1/_2$ Pf. mehr zahlen müssen, als von diesen selbst ihr Lieferant verlangt. So wirken viele Faktoren — wir nennen nur noch die teure Ladenmiete in der Stadt — zusammen, die Lage der Milchhändler ungünstig zu beeinflussen.

Wenn auch an anderer Stelle nochmals im Zusammenhang davon gesprochen werden wird, so ist doch hier schon kurz über die Bedeutung des Kleinhandels als Faktor der Preisbildung zu reden. Infolge seiner Zersplitterung muß der Milchhandel in seiner heutigen Form verteuernd auf den Preis wirken. Die Spesen sind so hoch, daß eine Spannung von 4—6 Pf. notwendig ist, damit der Händler auf seine Kosten kommt. Anerkannt muß werden, daß die Mannheimer Händler den Forderungen der Produzenten gegenüber nicht nur in ihrem eigenen Interesse, sondern auch in dem der Konsumenten stets Widerstand entgegengesetzt haben. Das hat sich auch in den Kämpfen der letzten Jahre gezeigt. Aber schließlich sind — 1911 allerdings war die Preissteigerung besonders durch die schlechte Lage bedingt — immer die Produzenten Sieger geblieben. Wenn auch die erhöhten Preise in der Hauptsache auf die Konsumenten abgewälzt werden, so wird doch auch der Handel einen Teil davon haben tragen müssen. Die Möglichkeit, den Milchhandel so zu gestalten, daß die Preise mäßig sein können, bietet, wie es uns scheint, die Konzentration, aber nicht in jeder, sondern in einer ganz bestimmten Form, die allerdings, das ist zwar eine für den Stand der Milchhändler traurige Konsequenz, aber im Interesse der Allgemeinheit notwendig, zu einer teilweisen Ausschaltung dieses Standes führen wird.

Im folgenden einige Zahlen aus unsern Tabellen, die besonders das bestätigen, was über die Zersplitterung im Milchhandel gesagt wurde. Im ganzen gab es 1910 in Mannheim 471 Milchgeschäfte (zwar waren 474 Zählkarten ausgefüllt worden, doch mußten wir drei ausschalten. Eine, die sich auf die Molkereigenossenschaft bezog, zur Vermeidung von Doppelzählung, denn diese ist am Milchhandel nicht beteiligt, sondern vermittelt nur den Milchbezug ihrer Mitglieder. Die zwei andern Karten kamen deshalb in Wegfall, weil die betreffenden Geschäftsleute nicht in Mannheim wohnten).

Tabelle XII gibt Aufschluß über die Verteilung der Geschäfte auf die einzelnen Stadtteile und deren Umsatz. Wenn auch die Kunden eines Händlers oft in verschiedenen Stadtteilen wohnen, so übt doch die Dichtigkeit der Bevölkerung eines Stadtteils insofern auf die Zahl der Geschäfte einen Einfluß aus, als in einer dünnbevölkerten Gegend weniger auf Ladenkundschaft gerechnet werden kann, als in einer anderen mit größerer Einwohnerzahl, was besonders für die kleineren Geschäfte, die oft nur an Ladenkunden verkaufen, von Bedeutung ist.

Am zahlreichsten sind die Milchgeschäfte in der Innenstadt (inkl. Jungbusch), die auch am meisten Einwohner aufweist. Dann folgen die dicht bevölkerte Schwetzinger Vorstadt und die Neckarvorstadt.

Aus den Zählkarten war mit Genauigkeit nur die gesamte, von einem einzelnen Händler bezogene Milchmenge zu ersehen, da aber die selbstverbrauchte Quantität in den meisten Fällen im Verhältnis dazu nur gering ist und auch nicht viel Milch regelmäßig verarbeitet wird, so können wir, ohne einen großen Fehler zu begehen, den Umsatz der erhaltenen Menge gleichsetzen. Aus der Gliederung der Geschäfte nach der Höhe des täglichen Umsatzes (s. Übersicht XII S. 58) geht die große Zahl der kleinen Geschäfte hervor; von 471 haben 184 oder 39% weniger als 20 oder höchstens 20 l täglich zu verkaufen. Fast in allen Stadtteilen ist die Zahl der in den betreffenden Spalten enthaltenen Betriebe höher als die Zahl der in den einzelnen übrigen Spalten gezählten Geschäfte. Besonders die nächst größeren von 30—100 l stehen an Zahl hinter den kleineren Betrieben zurück. Zahlreicher sind dagegen wieder die Mittelbetriebe kleineren Umfangs; in den betreffenden Spalten (13, 14 und 15) finden sich zusammen 164 Geschäfte, von denen 46 einen Gesamtvorrat von 100—150 l, 55 einen solchen von 150—200 l und 63 einen solchen von 200—300 l aufweisen. Die Zahl der Geschäfte mit einem höheren Umsatz ist nur gering; zwar weist die nächste Spalte (16) noch 16 Betriebe mit über 300—400 l auf, doch erreichen nur 3 Geschäfte einen Umsatz von 400—500 l. Wenn wir als Großbetriebe Geschäfte mit 1000 und mehr Liter ansehen, so sind in Mannheim derer nur zwei zu finden; auch wenn wir die Grenze schon bei über 500 l ziehen würden, kämen wir

XII. Der Mannheimer Milchhandel.

Milchvorrat der Mannheimer Händler.

Stadtteile	Zahl der Geschäfte	Davon erhalten täglich . . . . . . Liter																					
		1 bis 10	über 10 bis 20	über 20 bis 30	über 30 bis 40	über 40 bis 50	über 50 bis 60	über 60 bis 70	über 70 bis 80	über 80 bis 90	über 90 bis 100	über 100 bis 150	über 150 bis 200	über 200 bis 300	über 300 bis 400	über 400 bis 500	über 500 bis 600	über 600 bis 700	über 700 bis 800	über 800 bis 900	über 900 bis 1000	über 1000 bis 2000	über 2000 bis 3000
1	2	3	4	5	6	7	8	9	10	11	12	13	14	15	16	17	18	19	20	21	22	23	24
I. Innenstadt (inkl. Jungbusch)	142	20	34	10	4	4	8	1	7	—	4	17	11	14	2	1	1	1	—	1	—	1	1
II. Schwetzingervorstadt	117	30	28	4	—	3	1	1	6	—	1	9	10	13	7	1	1	2	—	—	—	—	—
darunter östliche Stadterweit. .	9	—	3	1	—	—	1	—	1	—	1	—	1	—	1	—	—	—	—	—	—	—	—
III. Neckarvorstadt	100	21	16	5	1	3	5	2	—	—	6	9	16	13	1	1	1	—	—	—	—	—	—
IV. Lindenhof	52	9	14	5	2	—	1	—	3	—	—	1	4	10	3	—	—	—	—	—	—	—	—
V. Käfertal	17	1	—	—	—	2	—	—	1	—	1	2	2	6	2	—	—	—	—	—	—	—	—
VI. Waldhof	14	1	2	—	—	—	—	1	—	—	1	3	3	2	1	—	—	—	—	—	—	—	—
VII. Neckarau	26	6	—	—	—	—	—	—	—	—	1	4	9	5	—	—	—	1	—	—	—	—	—
VIII. Feudenheim	3	—	2	—	—	—	—	—	—	—	—	1	—	—	—	—	—	—	—	—	—	—	—
Mannheim insgesamt	471	88	96	24	7	12	15	5	17	—	14	46	55	63	16	3	3	4	—	1	—	1	1

nicht zu einem viel günstigeren Ergebnis, denn nur 10 Betriebe, d. h. kaum mehr als 2% aller Geschäfte verkaufen mehr als 500 l. Dazu kommt noch, daß in den höheren Umsätzen die Beteiligung am Zwischenhandel zum Ausdruck kommt, also nur ein Teil des ganzen Vorrats dieser Geschäfte im Detailhandel zum Verkauf gelangt. Der überwiegende Anteil der kleinen und kleinsten Geschäfte am Mannheimer Milchhandel ist also durch Tabelle XII statistisch nachgewiesen.

XIII. Der Mannheimer Milchhandel.

Milchverkauf an andere Händler und Milchverarbeitungsgeschäfte.

Stadtteile	Zahl der Geschäfte	Davon lieferten täglich . . . . Liter													
		1 bis 10	über 10 bis 20	über 20 bis 30	über 30 bis 40	über 40 bis 50	über 50 bis 60	über 60 bis 70	über 70 bis 80	über 80 bis 90	über 90 bis 100	über 100 bis 150	über 150 bis 200	über 200 bis 300	über 300
1	2	3	4	5	6	7	8	9	10	11	12	13	14	15	16
I. Innenstadt . .	34	1	5	4	1	4	5	1	4	1	—	3	3	1	1[1]
II. Schwetzingervorstadt . . .	29	1	1	5	3	2	2	3	3	—	1	4	2	2	—
III. Neckarvorstadt	21	1	6	3	—	1	4	1	—	—	2	2	1	—	—
IV. Lindenhof . .	15	1	3	3	1	1	1	—	2	—	2	—	1	—	—
V. Käfertal . . .	3	1	1	—	—	—	—	—	—	1	—	—	—	—	—
VI. Waldhof . . .	3	1	—	1	1	—	—	—	—	—	—	—	—	—	—
VII. Neckarau . . .	4	1	—	—	1	—	—	—	—	—	—	1	—	—	1[2]
VIII. Feudenheim .	2	1	1	—	—	—	—	—	—	—	—	—	—	—	—
Summa	111	8	17	16	7	8	12	5	9	2	5	10	7	3	2

Tabelle XIII orientiert über die Ausbreitung des Großhandels unter den Mannheimer Milchhändlern (darunter ist der Zwischenhandel an andere Händler zu verstehen und der Verkauf an Milchverarbeitungsgeschäfte). Insgesamt 111 Geschäfte verkaufen Milch im großen, doch sind die Umsätze, um die es sich dabei handelt, nicht besonders hoch;

[1] Über 900 bis 1000.
[2] Über 300 bis 400.

sie betragen meist unter 300 l. Über die Hälfte aller dieser Händler verkaufen weniger als 50 oder höchstens 50 l im großen.

Von den 471 Geschäften wurden nur 197, also nicht einmal die Hälfte, von Personen betrieben, die als Hauptgeschäftszweig den Milchhandel angaben. Darunter waren nur 110 reine Milchgeschäfte; in den übrigen wurden neben der Milch noch Kolonialwaren, Landesprodukte, Flaschenbier und ähnliche Dinge feilgehalten. 8 mal wurde in den Vororten daneben Landwirtschaft betrieben. Von den übrigen 274 Geschäften waren 206 ausgesprochene Kolonialwaren- oder Viktualienläden. 5 mal wurde als Hauptberuf die Landwirtschaft betrieben. Sonstige Berufe kommen 63 mal vor; darunter sind Fabrikarbeiter in größerer Zahl zu finden, außerdem Schmiede, Schreiner, Bureaudiener, Einkassierer, Bildhauer, Steinhauer, sogar ein Reisender und manche andere — also eine bunte Menge. Da ein großer Teil dieser Personen Berufszweigen angehört, deren Ausübung ihre Abwesenheit von der eigenen Wohnung erfordert, und da sie ferner meist vom frühen Morgen bis zum späten Abend durch ihren Hauptberuf in Anspruch genommen werden, so werden vermutlich die meisten von ihnen das Milchgeschäft durch ihre Frau besorgen lassen.

Selbständig von Frauen geführt wurden 87 Geschäfte — darunter 2 von der gleichen Inhaberin —; die Beteiligung der Frau am Milchhandel ist also gar nicht gering. Die überwiegende Anzahl — 57 — verkaufte allerdings weniger als 20 oder höchstens so viel Liter täglich.

Obwohl die Zeit, aus der unser Material stammt, noch nicht drei Jahre zurückliegt, entspricht das Bild, das wir erhalten haben, nicht mehr ganz dem, das die Gegenwart uns bietet. Dies ist nicht darauf zurückzuführen, daß der Milchhandel etwa aus seinen eigenen Reihen heraus eine Umgestaltung erfahren habe. Eine größere Konzentration, wie sie z. B. in München im Laufe der Zeit eingetreten ist, läßt sich nicht konstatieren, sondern eher das Gegenteil, denn die Zahl der Geschäfte ist um rund 80 gestiegen, während die Einwohnerzahl um etwa 30 000 zugenommen hat. Während also 1910 1 Milchgeschäft auf ungefähr 405 Einwohner kam, ist heute das Verhältnis etwa 1 : 400.

Von größter Bedeutung aber ist es, daß inzwischen ein Betrieb entstanden ist, der nicht nur den Namen Großbetrieb wirklich verdient, sondern auch in seiner Organisation einen besonderen Typus darstellt, die Mannheimer Milchzentrale, deren Umsatz gegenwärtig über 8000 l beträgt. Ihrer Bedeutung entspricht es, daß wir sie in einem besonderen Abschnitt behandeln. Vorher aber wollen wir noch im folgenden der Organisation der Mannheimer Milchhändler unsere Aufmerksamkeit widmen.

V. Die Erste Molkereigenossenschaft Mannheimer Milchhändler (e. G. m. b. H.).

Wie ihre Kollegen in einer großen Anzahl anderer Städte, so haben sich auch die Mannheimer Milchhändler zuerst im Milchhändlerverein, dann in der heute allein bestehenden „Ersten Molkereigenossenschaft Mannheimer Milchhändler“ eine Organisation geschaffen zur Förderung ihrer gemeinsamen Interessen.

Der Name allerdings, den die Vereinigung trägt, könnte zu falschen Schlüssen über ihren Zweck Anlaß geben. Dieser besteht nicht etwa im ständigen Betrieb einer Molkerei, sondern die Molkereigenossenschaft ist nur die wirtschaftliche Organisation der Mannheimer Milchhändler. Sie wurde im Jahre 1905 gegründet. Die Zahl ihrer Mitglieder betrug damals 50 und ist bis zum Jahre 1913 auf 150 gestiegen, d. h. von über 500 Mannheimer Milchhändlern ist kaum der dritte Teil organisiert. Wenn man berücksichtigt, daß ein Geschäftsanteil nur 300 Mark beträgt und die Haftpflicht beschränkt ist, so dürfte der Schluß erlaubt sein, daß ein großer Teil der Mannheimer Milchhändler finanziell einfach nicht in der Lage ist, sich die Vorteile, die die Organisation bietet, durch Beitritt zu sichern. Wiederum ein Beleg dafür, wie schwach zum Teil die Kräfte sind, die den Mannheimer Milchhandel ausüben. Dazu kommt wohl noch, daß einer großen Anzahl gerade unter den kleineren Händlern das Interesse für die Bedeutung einer Organisation fehlt. Wie in andern Zweigen des Erwerbslebens ist es auch hier der Fall, daß die schwächsten Elemente, denen eine Vereinigung am bittersten not tut, am schwersten zu organisieren sind.

Ihre wichtigste Aufgabe sieht die Molkereigenossenschaft darin, ihren Mitgliedern den Bezug von guter Vollmilch zu vermitteln und durch große Abschlüsse den Preis in günstigem Sinne zu beeinflussen. Sie schließt für ihre Mitglieder die Lieferungsverträge ab;

die Milch wird an ihre Adresse nach Mannheim versandt und an den verschiedenen Bahnhöfen von Angestellten an die Mitglieder verteilt, von denen zur Deckung der Unkosten ein Preisaufschlag von etwa $^1/_4$ Pfennig pro Liter zu zahlen ist. Diese sollen ihren Milchbedarf nach Möglichkeit durch Vermittlung der Genossenschaft decken, sind dazu aber nicht verpflichtet. Da jedoch die Benützung der Gelegenheit im Interesse der einzelnen Händler liegt, machen diese in ausgedehntem Maße davon Gebrauch[1].

Besonders auch in Krisenzeiten sucht die Molkereigenossenschaft ihre Mitglieder zu unterstützen. In Zeiten der Knappheit sucht sie einen Preisaufschlag zu verhindern, in denen des Überflusses einem Verlust der Genossen durch Verderben der Milch und etwaigem Fallen des Verkaufspreises dadurch vorzubeugen, daß sie ihnen in ihrem eigenen Gebäude Apparate zur Verarbeitung der Milch zur Verfügung stellt.

Gegenüber Preiserhöhungen von seiten ihrer Lieferanten suchten die in der Molkereigenossenschaft vereinigten Händler in den letzten Jahren, besonders 1911, durch genossenschaftlichen Milchbezug aus weiter Ferne — Dänemark, Basel — Widerstand zu leisten. Allerdings war dieses Vorgehen mit großen Kosten verknüpft und daher auf die Dauer nicht durchzuführen. Der Kampf war zeitweilig recht heiß; auch das Publikum beteiligte sich daran; so wurden Protestversammlungen einberufen, in denen energisch gegen die Bestrebungen der Produzenten Stellung genommen wurde. Zu einem eigentlichen Konsumentenstreik und Boykott der Produzenten kam es indessen nicht. Man fügte sich schließlich doch dem Willen der Produzenten, da für diese infolge der Milchknappheit die Lage günstig war.

Heute hat die Molkereigenossenschaft besonders den Kampf gegen die Milchzentrale aufgenommen. Von ihrem Standpunkt aus ist ihre Stellungnahme durchaus verständlich, denn die Milchzentrale ist schon jetzt ein nicht zu unterschätzender Konkurrent der Milchhändler geworden. Der aber, dem die salus publica oberstes Gesetz ist, wird sich ihrem Kampf nicht anschließen können. Warum, hoffen wir im nächsten Abschnitt zu zeigen.

---

[1] Durch die Molkereigenossenschaft wurden im Jahre 1911 ungefähr 9 000 000 l Milch bezogen.

VI. Die kommunale Milchversorgung in Mannheim.

A. Die Frage der kommunalen Milchversorgung.

In den letzten Jahren ist infolge der wachsenden Erkenntnis der hygienischen Nachteile, die die heutige Form des Milchhandels für den Konsumenten mit sich bringt, infolge der Verteuerung des Produktes, die Diskussion darüber, wodurch und nach welcher Richtung hin die nötige Reform herbeizuführen sei, wieder besonders lebhaft geworden.

Insbesondere über die Frage, ob die Kommunen sich aktiv an der Milchversorgung beteiligen sollen, ist ein heftiger Streit entbrannt. Begeisterten Anhängern der kommunalen Milchversorgung — unter der wir nicht nur die Milchversorgung durch einen Regiebetrieb verstehen, sondern auch durch jede gemischtwirtschaftliche Unternehmung, auf deren Geschäftsgebaren die beteiligte Kommune einen ausschlaggebenden Einfluß ausübt — stehen erbitterte Gegner gegenüber, nicht nur in den Reihen der Milchproduzenten und Händler, die im kommunalen Betrieb vorerst nur den Konkurrenten sehen, sondern auch unter den Kommunalpolitikern selbst. So wurde erst kürzlich in einer „Denkschrift über die Milchversorgung der Stadt Stuttgart" gegen die kommunale Milchversorgung Stellung genommen. In der Begründung wurde besonders darauf hingewiesen, daß die Milchversorgung eine freiwillige Aufgabe der Gemeinden sei, daß die Kommune aber sich in dem Interesse ihrer Finanzwirtschaft auf die Lösung der dringendsten freiwilligen Aufgaben, zu denen jene nicht gehöre, beschränken müsse. Der Regiebetrieb (es wird nur von dieser einen Form kommunaler Milchversorgung gesprochen) versage gerade in bezug auf den Preis gegenüber dem Privatbetrieb, denn einmal sei der Privatbetrieb billiger als jener, und dann stehe er viel mehr unter dem Einflusse des wirtschaftlichen Eigennutzes. Die Denkschrift enthält die Ansicht, daß Organisationen von Produzenten, Händlern oder der in Frage kommenden Konsumentenkreise oder schließlich gemeinnützige Anstalten im Anschluß an Krankenkassen, Versicherungsanstalten usw., eher dazu berufen sind, die nötigen Verbesserungen zu bringen. Staatliche und städtische Unterstützungen in Form von Darlehen, Errichtung von Sammelstellen durch die Dorfverwaltungen usw. sollten den Organisationen ihre Tätigkeit auf diesem Gebiete erleichtern.

Es ist tatsächlich schwer, in dieser Frage Stellung zu nehmen, nicht zum mindesten deshalb, weil Erfahrungen über die kommunale Milchversorgung bis vor kurzem — d. h. vor Eröffnung der Mannheimer Milchzentrale — fast vollständig fehlten. Um eine Entscheidung darüber treffen zu können, ob die kommunale Milchversorgung überhaupt wünschenswert und notwendig ist, hat man davon auszugehen, daß die Milchversorgung einer Stadt nur dann als den modernen Anforderungen genügend bezeichnet werden kann, wenn die Qualität des Produktes durchaus einwandfrei ist und wenn dabei der Preis ein derartiger ist, daß alle Bevölkerungskreise dieses wichtige und für eine bestimmte Bevölkerungsschicht, die Säuglinge, einzige Nahrungsmittel in ausreichendem Maße konsumieren können. Es wird also zu untersuchen sein, ob private Betriebe die Gewähr dafür zu bieten imstande sind. Trifft dies zu, so ist das Eingreifen der Kommune unnötig; wenn nicht, so haben diese im Interesse ihrer Bürger die Pflicht, einzugreifen. Die Beschaffung guter, billiger Milch ist ebenso wichtig als die Versorgung mit Wasser, die die Städte schon lange als eine ihrer wichtigsten Aufgaben erkannt haben.

Wenn man zunächst die Frage der Qualitätsverbesserung im Auge hat, so muß man allerdings sagen, daß der private Großbetrieb wohl imstande sei, den Anforderungen der Hygiene entsprechende Milch auf den Markt zu bringen. Er arbeitet mit maschinellen Einrichtungen zur Tiefkühlung und Reinigung der Milch, wodurch ohne Zweifel eine Qualitätsverbesserung herbeigeführt wird. Der Verkauf in Flaschen, wie er gerade von großen Unternehmungen eingeführt wurde, stellt die einwandfreieste Art des Milchvertriebes dar. Auch besitzen sie meist besonders eingerichtete Wagen zum Transport der nicht in Flaschen abgefüllten Milch, die für eine reinliche Behandlung des Nahrungsmittels auf dem Wege zum Konsumenten Gewähr leisten. Vom Standpunkt der Hygiene aus sind solche Betriebe daher sehr zu begrüßen.

Sie sind aber, ob sie nun von Einzelpersonen, von Produzenten oder Händlergenossenschaften geleitet werden, Erwerbsunternehmungen, deshalb bestrebt, hohe Gewinne zu erzielen, daher an der Hochhaltung des Preises interessiert. Wenn auch theoretisch die Möglichkeit besteht, daß sie sich bei hohem Umsatz und intensiver Ausnützung der Betriebsanlagen und Arbeitskräfte mit einem kleineren Verdienst im einzelnen begnügen könnten, so wird dieser Fall in der Praxis wohl selten eintreten. Im Gegenteil, wenn nicht die Konkurrenz — und diese kann, soweit sie privater Natur ist, durch Preisvereinbarung in dieser Hinsicht unschädlich gemacht werden — dem entgegenwirkt, werden diese Betriebe einen hohen Preis verlangen und, gestützt auf die Qualität ihrer Ware, werden sie ihn auch da, wo die Konkurrenz noch nicht ausgeschlossen ist, in den meisten Fällen erzielen, wie dies z. B. auch in Karlsruhe der Fall ist, wo für die Milch der „Milchzentrale" der dortigen Genossenschaft badischer landwirtschaftlicher Molkereien, wie Berg mit Genugtuung hervorhebt, die höchsten Preise bezahlt werden. Dadurch wird aber den breiten Massen der Konsumenten der Bezug von Milch aus diesen Betrieben erschwert. Der Wohlhabende wird gerne für Milch, die infolge ihrer besseren Beschaffenheit auch einen höheren Wert repräsentiert, mehr bezahlen; allein der Minderbemittelte kann dies nicht tun. Er empfindet einen Preisunterschied von nur $^1/_2$—1 Pfennig schon bitter; je mehr Kinder vorhanden sind, desto drückender wird die Qual. So erweist sich also gerade das „Geschäftsinteresse", das in der Stuttgarter Denkschrift als Vorzug des privaten Betriebs erwähnt wird, im Hinblick auf den Preis als Nachteil.

Ebensowenig befriedigen die Versuche, die bis jetzt von Konsumentenorganisationen — z. B. Konsumvereinen, Gewerkschaftskartellen usw. — unternommen worden sind. Die Tätigkeit dieser Organisationen beschränkt sich gewöhnlich darauf, durch Vertrag mit den Händlern oder Produzenten, ihren Mitgliedern den Bezug von billiger Milch zu ermöglichen, während die Forderungen an Qualität meist nicht über das Maß dessen hinausgehen, was sonst ortsüblich ist. Arnold[1] schreibt darüber: „Die deutschen Konsumvereine haben, soweit ihre Verhältnisse bekannt sind, nur einen beschränkten Umsatz aufzuweisen. Auch scheinen Milchzentralen, in denen die Milch einer entsprechenden hygienischen Behandlung unterworfen werden könnte, von keinem dieser Konsumvereine betrieben zu werden." Aber selbst, wenn sie dazu übergingen, auch an die Qualität der von ihnen vermittelten Milch besondere Anforderungen zu stellen, ja, wenn sie selbst die modernsten eigenen Betriebe einrichten würden und dadurch nicht nur in preispolitischer, sondern auch in hygienischer Hinsicht eine Besserung her-

[1] Arnold S. 627.

beiführen würden, so würde der Genuß dieser Vorteile, so wie die Verhältnisse liegen, immer nur einem beschränkten Kreis von Konsumenten möglich sein.

Anders liegen die Verhältnisse bei gemeinnützigen Anstalten, die so eingerichtet werden können, daß sie jedermann zugänglich sind, und deren Charakter es entspricht, nicht nur gute, sondern auch billige Milch zu verabreichen. In Deutschland haben sie sich aber bis jetzt darauf beschränkt, die Beschaffung guter Säuglingsmilch zu erleichtern. Damit haben sie sich gewiß ein großes Verdienst erworben. Darauf zu warten aber, bis sie aus eigener Initiative die allgemeine Milchversorgung übernehmen, ist nicht möglich, denn die Not der Zeit erfordert Hilfe. Sie zu leisten ist, da, wie wir gesehen haben, alle andern Organisationen bis jetzt versagen, Pflicht der Kommunen.

Die Notwendigkeit des Eingreifens der Städte ist erwiesen; fraglich ist noch, wie sie dabei vorgehen sollen. Der Mittel und Wege gibt es viele, an Vorschlägen aller Art war nie Mangel. Am häufigsten wird wohl die Einrichtung von städtischen Milchhöfen empfohlen, in denen alle für die Stadt bestimmte Milch gesammelt, untersucht, gereinigt und gekühlt werden soll, ehe sie durch die Händler zum Verkauf gelangt. Ein derartiger Milchhof hätte also ähnliche Funktionen zu erfüllen, wie ein Schlachthof. Heute fehlen, wie die Vorlage des Mannheimer Stadtrats an den Bürgerausschuß über die Milchzentrale hervorhebt, die gesetzlichen Grundlagen dafür. Doch diese könnten ja geschaffen werden. Dann allerdings würde die städtische Milchversorgung in hygienischer Hinsicht ganz außerordentlich gebessert werden. Auf die Höhe der Preise aber würden derartige Milchhöfe, da der Vertrieb nach wie vor von privaten Händlern besorgt würde, entweder gar keinen oder nur einen verteuernden Einfluß ausüben, wenn nämlich, wie es heute ja auch bei den Schlachthöfen der Fall ist, Gebühren als Beiträge zur Deckung der Unkosten erhoben würden; daher können sich die Kommunen nicht auf die Einrichtung von Milchhöfen beschränken.

Vielmehr muß ein Unternehmen geschaffen werden, dessen Geschäftsgebaren vollkommen unter dem Einfluß der Kommune steht, so daß diese seine

Preispolitik bestimmen kann. Es ist weder zweckmäßig noch nötig, daß dies ein Regiebetrieb sei. Denn neben den Lichtseiten würden sich auch die bekannten Schattenseiten des bureaukratischen Betriebes geltend machen. Der gewünschte Zweck kann dadurch erreicht werden, daß die Kommune mit andern Organisationen zusammen die Milchversorgung in die Hand nimmt, die dann so ausgestaltet werden kann, daß die Ansprüche der Hygiene wie die Gebote einer vernünftigen Preispolitik vollkommen erfüllt werden.

Dazu ist einmal nötig, daß ein Zentralbetrieb geschaffen wird, der mit den modernsten Einrichtungen für Milchbehandlung ausgestattet ist, und dann, daß bei diesem Unternehmen neben den gemeinnützigen Zwecken die geschäftlichen Interessen nur eine untergeordnete Rolle spielen. So begrüßenswert es an sich wäre, wenn die Kommunen im Vereine mit den vorhandenen Milchhändlern eine solche Milchzentrale betreiben würden, weil die Stadt dann nicht genötigt wäre, einem Teil ihrer eigenen Bürger Konkurrenz zu machen, so schwer wird sich dies in der Praxis durchführen lassen, weil die Milchhändler, auf den Erwerb angewiesen, vor allem ihr geschäftliches Interesse wahren würden, während für ein derartiges Unternehmen die Erzielung von Geschäftsgewinnen als Selbstzweck nicht in Frage kommen darf.

Ganz anders ist es, wenn die Kommune zusammen mit Organisationen oder Personen arbeitet, die die gleichen gemeinnützigen Zwecke verfolgen, wie sie. In erster Linie kommen gemeinnützige Vereine und Vertretungen der Konsumenten in Betracht. Die Beteiligung der Stadt garantiert dafür, daß nicht nur die durch die betreffenden Organisationen vertretenen Konsumenten, sondern alle Einwohner ihre Milch aus der Zentrale beziehen können.

Die Form des Betriebes wird am besten die einer e. G. m. b. H. oder A.-G. sein, in deren Vorstand und Aufsichtsrat die beteiligte Kommune selbstverständlich vertreten sein muß. Durch eine solche Organisationsform wird es vermieden, einen Regiebetrieb zu schaffen, während andererseits doch die Kommune ihrer Aufgabe gerecht wird.

Daß ein solcher Betrieb dem privaten Milchhandel Konkurrenz macht, ist sicher. Da aber die Entwicklung dieses Unternehmens eine allmähliche sein wird, da ferner, solange die Zunahme der städtischen Bevölkerung anhält, der Milchbedarf wachsen muß, da außerdem gewöhnlich ein großer Teil der Einwohnerschaft aus politischen und sonstigen Gründen der kommunalen Milchversorgung ablehnend gegenübersteht, wird daneben der reelle Milchhändler noch auf sehr lange Zeit hinaus sein Auskommen finden. Wenn Neugründungen von Geschäften unterbleiben, wenn unsichere Existenzen verschwinden werden, wenn infolge davon allmählich eine Konzentration eintreten wird, so wird diese Entwicklung nur zu begrüßen sein.

Damit der Zweck des Unternehmens erreicht werde, ist es nicht nötig, daß dieses eine Monopolstellung bekommt. Dadurch, daß die Zentrale einen Musterbetrieb darstellt, wird sie dafür sorgen, daß die andern Geschäfte, die konkurrenzfähig bleiben wollen, ihr Beispiel nachahmen müssen; dadurch, daß sie als Preisregulator wirkt, wird sie jederzeit einer Preiskalamität vorbeugen. Die Behauptung der Gegner, eine Milchzentrale werde, sobald sie im Laufe der Entwicklung eine Monopolstellung erreicht habe, die Preise hochhalten und die Kommune werde das im Interesse ihrer Finanzen gutheißen, ist durchaus unbegründet. Ein solches Vorgehen würde nicht nur dem von der Stadt bei der Gründung des Unternehmens beabsichtigten Zweck widersprechen, sondern die Konsumenten würden auch in ihren Organisationen und durch ihre Vertretungen in den kommunalen Organen — Bürgerausschuß, Stadtrat — dagegen jederzeit wirksamen Protest erheben.

B. Die Mannheimer Milchzentrale.

Die Mannheimer Milchzentrale stellt die erste Verwirklichung der Idee der kommunalen Milchversorgung in Deutschland dar. Ihre Gründung war also ein Experiment, ihre bisherige Entwicklung ist ein Beweis dafür, daß es glückte.

Die hygienische Beschaffenheit der zum Verkauf gelangenden Milch hatte auch in Mannheim schon längere Zeit hindurch zu Klagen Anlaß gegeben; dazu kam dann, daß, besonders 1911, Viehseuche und zeitweilige Futterknappheit den Milchproduzenten eine neue Veranlassung gaben, die Preise zu erhöhen. Wie wir wissen, versuchten die Händler vergebens Widerstand zu leisten. Durch die Preissteigerung von

2 Pfennigen — 1910 hatte der Milchpreis 22 Pfennig betragen, während des Jahres 1911 stieg er auf 24 Pf. — wurde das Haushaltungsbudget der Konsumenten nicht unerheblich belastet. Unter der Teuerung litten vor allem die unteren Schichten der Bevölkerung. Allerdings beschloß der Stadtrat, an den Hauptmarkttagen kondensierte Milch zum Selbstkostenpreis an Minderbemittelte abzugeben. Zwar ist diese im Gebrauch billiger als frische Milch, doch kann sie auf die Dauer als Ersatz nicht in Betracht kommen. Da die Stadtverwaltung es als ihre Pflicht ansah, einer weiteren Preiserhöhung zu steuern, so ruhte sie nicht, bis das richtige Mittel gefunden war.

Verhandlungen, die die städtischen Behörden längere Zeit hindurch mit den Produzenten wie auch mit Vertretern der Milchhändler geführt hatten, verliefen ziemlich ergebnislos. Inzwischen war aber der Gedanke einer direkten Beteiligung der Stadt an der Milchversorgung entstanden, und es fanden sich auch die Organisationen, deren Mitarbeit zu seiner Ausführung nötig war. Allerdings waren vorher vor allem noch die Widerstände zu brechen, die im Bürgerausschuß und Stadtrat einzelne Parteien — Nationalliberale, Zentrum — infolge ihres politischen Programms dem neuen Projekt entgegenbrachten.

Ende November 1911 wurde eine e. G. m. b. H. konstituiert, die es sich zur Aufgabe machte, die Milchversorgung Mannheims in hygienischer und preispolitischer Hinsicht zu reformieren. Das Mittel sah sie in der Gründung einer Milchzentrale, deren Betrieb kurze Zeit darauf, im März 1912, eröffnet werden konnte. Neben der Stadtgemeinde Mannheim beteiligten sich an der Genossenschaft sofort unter anderm der Kreisausschuß, der Frauenverein Mannheim, Vertretungen der Konsumenten — wie das Gewerkschaftskartell, der Konsumverein und einige Beamtenvereine —, eine Anzahl von Gönnern, und außerdem schloß sich auch der Verband landwirtschaftlicher Genossenschaften in Karlsruhe an. Ende Dezember 1912 zählte die Genossenschaft 27 Mitglieder; Geschäftsanteile und Haftsumme betrugen zusammen je 27 000 Mk., wovon auf die Kommune allein je 10 000 Mk. entfielen, da sie 100 Anteile zu je 100 Mk. übernommen hatte. Aus den Satzungen sei nur § 12 hervorgehoben, der uns besonders wichtig zu sein scheint. Er lautet: „Der Vorstand besteht aus dem Vorsitzenden und zwei weiteren Mitgliedern. Der Vorsitzende und ein weiteres Vorstandsmitglied werden vom Stadtrat der Hauptstadt Mannheim, das dritte Mitglied und, sofern der Stadtrat von seinem Bestellungsrecht nicht innerhalb drei Monaten Gebrauch macht, die übrigen Mitglieder vom Aufsichtsrat bestellt..." Dadurch, daß der Stadt ein bedeutender Einfluß auf die Zusammensetzung des Vorstandes eingeräumt wurde, war die weitgehendste Garantie dafür gegeben, daß die Zentrale im gemeinnützigen Sinne arbeitete.

Über den Zweck des Unternehmens sprach sich der Stadtrat in seiner Vorlage an den Bürgerausschuß folgendermaßen aus: „Wie schon oben angedeutet, wird mit der Errichtung der Zentrale in erster Linie eine Verbesserung der Milch in qualitativer Hinsicht angestrebt; denn wenn auch die in Mannheim zum Verkauf gelangende Milch in bezug auf Fettgehalt den durch die ortspolizeilichen Vorschriften gestellten Anforderungen entspricht, so ist sie doch aus andern Gründen vielfach noch zu beanstanden. Daneben wird die Zentrale eher geeignet sein, der Preisbewegung nach oben zu steuern. Wenn auch eine bedeutende Preisreduzierung nach der allgemeinen Marktlage gegenwärtig nicht erreicht werden kann, so ist es doch im Interesse der Milchverbraucher gelegen, daß wenigstens eine weitere Preissteigerung verhindert wird."

Die Platzfrage wurde dadurch gelöst, daß der MMZ. ein freigewordener Schuppen im Schlachthofe mietweise überlassen wurde unter denselben Bedingungen, wie der süddeutschen Fettschmelze, einer privaten Genossenschaft von Metzgern, ein anderes Gebäude im Schlachthof eingeräumt worden war. Durch die Angliederung an den städtischen Schlachthof war es möglich, von dort her den Bedarf an Wasser, Sole und Elektrizität zum Selbstkostenpreis zu beziehen, was für den Betrieb der MMZ. eine ziemliche Ersparnis bedeutet. Durch diese Gunst der Verhältnisse waren natürlich von vornherein die Betriebsunkosten der MMZ. geringer als die ähnlicher privater Unternehmungen. Die Räumlichkeiten, die der MMZ. zur Verfügung stehen, sind recht enge und reichen knapp zur Unterbringung der für Reinigung, Kühlung und Pasteurisierung bestimmten Apparate, sowie der kleinen Molkereieinrichtung aus. Da für die nächsten Jahre ein steigender Umsatz zu erwarten ist, so wird in absehbarer Zeit das alte Heim zu klein werden; daher wird die Zentrale in ein neues großes, allen Anforderungen entsprechendes Gebäude übersiedeln.

Die Milchzentrale, die von einem Molkereifachmann geleitet wird, deckt ihren Bedarf sowohl durch Heranziehung von Produzentenorganisationen, als auch durch Abschlüsse mit Sammlern und einzelnen Produzenten. Da die MMZ. eine bedeutende Kundin ist, so melden sich fortgesetzt neue Lieferanten, die vorgemerkt und bei Bedarf dann herangezogen werden. Außerdem bestehen freundschaftliche Beziehungen der Zentrale zu einigen größeren Molkereien, die in Krisenzeiten eventuell zur Aushilfe bereit sind.

Die Lieferanten verpflichten sich vertraglich, eine Milch zu liefern, die den Mannheimer polizeilichen Vorschriften vollkommen entspricht. Sie haben ferner vor allem dafür Sorge zu tragen, daß die Kannen, die zum Versand der Milch bestimmt sind, stets sauber gereinigt werden. Laut Vertrag hat der Lieferant die Gefäße zu stellen, doch besitzt die Milchzentrale einen gewissen Vorrat an Kannen, die bei Bedarf zur Verfügung gestellt werden können. Die Leitung der Zentrale ist stets darauf bedacht, ein Kannenmaterial zu besitzen — und auch den Lieferanten möglichst dessen Bezug zu empfehlen und zu vermitteln —, das den neuesten technischen Errungenschaften in der Herstellung hygienisch einwandfreier Gefäße entspricht.

Die Zentrale verpflichtet sich, täglich das gleiche, vertraglich festgesetzte Quantum Milch abzunehmen. Besteht indessen die Milch die 70 %ige Alkoholprobe nicht, oder weist sie einen Fettgehalt unter 3,2 % auf, so steht es der MMZ. frei, diese zurückzusenden oder sie sonst bestmöglich zu verwerten. Der Einkaufspreis wird ebenfalls — seine Höhe, die natürlich im wesentlichen durch die Marktlage bedingt wird, schwankt gegenwärtig zwischen $17^1/_2$ und 18 Pfennigen — vertraglich normiert.

Ehe wir dazu übergehen, die Organisation des Verkaufes ausführlicher zu schildern, sei, da sie wohl ein allgemeines Interesse beanspruchen wird, folgende Berechnung der Geschäftsunkosten pro Liter Milch, die uns von der Leitung dankenswerterweise überlassen wurde, mitgeteilt.

(Siehe Übersicht S. 72.)

Demnach betrugen die Unkosten 3,52 Pf. pro Liter Milch. Gegenüber dem Jahre 1912, in dem allerdings außerordentlich große Abschreibungen vorgenommen wurden, sind sie um fast einen ganzen Pfennig geringer geworden, denn damals ergaben sich 4,41 Pf. an Unkosten pro Liter Milch. Da die Entwicklung der MMZ. noch kaum begonnen hat, so wird man gut daran tun, noch die Ergebnisse einer

Reihe weiterer Jahre abzuwarten, ehe man ein Urteil fällt; je höher der Umsatz wird, desto geringer werden sich, sobald einmal alle nötigen Einrichtungen angeschafft sind und eine regelmäßige Amortisation vorgenommen wird, die Unkosten pro Liter Milch voraussichtlich gestalten.

Während bei Eröffnung der Zentrale nur einige 100 l täglich verkauft wurden, stieg der Umsatz bis Ende März 1913 auf zirka 6000 l und heute hat er die Höhe von 10 000 l schon erreicht. Neben einer Ausgabestelle in der Zentrale und etwa acht Verkaufsstellen in der Stadt besorgen ungefähr ein Dutzend Verkaufswagen die Verteilung der Milch an die Konsumenten. Diese Wagen sind mit Kühleinrichtung

Unkosten im Jahre 1913 für	im ganzen (Mk.)	pro Liter (Pf.)
Wasser	2 157,30	0,07
Mieten	2 639,29	0,08
Elektrizität	4 547,49	0,15
Pferdeunterhaltung	9 224,54	0,30
Löhne	50 932,79	1,58
Versicherung	2 457,07	0,08
Reklame	1 354,59	0.04
Reparaturen	3 368,51	0,01
Allgemeines	27 096,04	0,88
Abschreibung	10 483,29	0,33
Zusammen	114 260,91	3,52

versehen; sie sind so gebaut, daß jederzeit eine gute Durchmischung der zum Verkauf bestimmten Milch möglich ist. Der Milchausschank erfolgt durch Öffnen von Kranen direkt vom Wagen aus. Die Milchverkäufer befahren täglich zur gleichen Stunde die gleichen Straßen. Dadurch wird es möglich, daß ohne viel Zeitverlust die Verbraucher ihre Milch am Wagen abholen können; um denen, die aus irgendwelchem Grund verhindert sind, dies zu tun, entgegenzukommen, wird die Milch auch ins Haus gebracht; allerdings erhöht sich der Preis dann um einen Pfennig. (Unangenehm empfunden wird sehr oft das Geläute, mit dem der Wagen seine Ankunft meldet; tatsächlich wird durch die keineswegs melodischen Töne nicht nur zu früher Morgenstunde der Schläfer unsanft aus süßen Träumen gerissen, sondern auch tagsüber mancher bei ernster Arbeit auf unangenehme Weise gestört. Wenn auch eine Ankündigung keineswegs ganz wird unterbleiben können, so würde sich die Leitung der MMZ. sicher ein Verdienst erwerben, wenn sie dafür sorgen würde, eine Form zu finden, in der diese weniger störend empfunden wird.)

Die Milchzentrale untersteht selbstverständlich der Kontrolle der Polizeiorgane und des Untersuchungsamtes, wie jeder private Betrieb. Die Qualität der von ihr verkauften Milch muß als eine durchaus erstklassige bezeichnet werden. Daraus, daß das eine oder andere Mal eine Beanstandung der Milch vorgekommen ist, kann der MMZ. kein Vorwurf gemacht werden, da es erwiesen ist, daß die Unvorsichtigkeit des Personals die Vorkommnisse verschuldete.

Die MMZ. hat sich nicht darauf beschränkt, nur Vollmilch zu vertreiben; sie verkauft auch Milchprodukte, und zwar Magermilch zum Preise von 12 Pf., ferner sauren und süßen Rahm, Rahm zum Schlagen, sowie Buttermilch, weißen Käse und schließlich Tafelbutter. Gegen den Butterverkauf erhob sich gerade in letzter Zeit ein lauter Protest, der nicht ganz unberechtigt erscheint. Es ist selbstverständlich, daß ein Großbetrieb, wie ihn die Mannheimer Milchzentrale repräsentiert, die Milchmengen, die durch die Schwankungen im Tagesbedarf übrigbleiben, zu verwerten sucht. Dies geschieht durch Verarbeitung zu Molkereiprodukten, wie Käse und Butter, und durch den Verkauf dieser Waren. Dagegen kann nichts eingewendet werden. Nun verkauft die MMZ. aber nicht nur selbsterzeugte Butter, sondern auch zugekaufte. Die Leitung motiviert ihr Vorgehen folgendermaßen; sie sagt: die Verwertung der eigenen Butter sei nur dadurch möglich, daß in den Zeiten, in denen die MMZ. nicht genügend selbst produzieren könne, durch Verkauf von zugekaufter Butter Ersatz geboten werde; denn die Kundschaft verlange eine regelmäßige Bedienung, sonst verzichte sie überhaupt auf den Einkauf ihrer Butter. Das mag stimmen. Aber selbst auf diese Gefahr hin sollte die MMZ. den Butterverkauf auf ein Minimum beschränken, denn da die Notwendigkeit einer kommunalen Butterversorgung absolut nicht erwiesen ist, macht sie den Butterhändlern eine unbegründete Konkurrenz. Die Kommunalverwaltung selbst ist der Ansicht, daß das Buttergeschäft als „unvermeidlicher Nebenbetrieb“ angesehen werden müsse, und daß dafür keine Reklame gemacht werden dürfe. Dies anzuführen erscheint uns deshalb wichtig, weil die Stellungnahme der Stadtverwaltung ein Beweis dafür ist, daß die Befürchtungen, die von gewisser Seite gehegt wurden, durchaus unbegründet sind. Ihr Verhalten in dieser Frage beweist, daß sie nur von der Absicht geleitet ist, durch die MMZ. die dringende Pflicht der Milchversorgung zu erfüllen, daß sie aber nicht daran denkt, aus irgendwelchen finanziellen Interessen, die Ausdehnung des Unternehmens auf andere Geschäftszweige zu befürworten.

Die Entwicklung des Umsatzes der MMZ. ist gewiß zum Teil auf die Propaganda zurückzuführen, die die beteiligten Organisationen in ihren eigenen Reihen für dieses Unternehmen machen. Außerdem darf aber nicht unterschätzt werden, daß der MMZ. zur Erweiterung ihres Kundenkreises ein Mittel zur Verfügung steht, das der einzelne Händler nur in beschränktem Maße anwenden kann, die Reklame. Wenn schon die Beteiligung der Stadt an sich dem Publikum eine Gewähr dafür bietet, daß es gut bedient wird, so kommt noch hinzu, daß die Tatsache, daß die Milchzentrale überhaupt der einzige mit allen erforderlichen Einrichtungen versehene Großbetrieb in Mannheim ist, es ihr ermöglicht, ihre Vorzüge gegenüber dem Kleinbetrieb immer wieder durch Wort und Schrift hervorzuheben.

Es stehen ihr selbstverständlich größere Geldmittel für Reklamezwecke zur Verfügung als den Händlern im allgemeinen. Daher kann die MMZ. eine systematische Propaganda treiben; sie tut das z. B. dadurch, daß sie an sämtliche nach Mannheim zuziehenden Familien eine Reklameschrift sendet, in der auf die Vorzüge ihrer Milch hingewiesen wird, und aus der die Preise ihrer Produkte zu ersehen sind.

Auch das Lohnsystem, das in der MMZ. eingeführt ist, trägt dazu bei, ihren Umsatz zu erhöhen. Die Milchverkäufer erhalten einen verhältnismäßig kleinen Grundlohn, dazu aber eine Provision vom Umsatz. Daher haben sie ein großes Interesse daran, durch eifrige Werbearbeit den Absatz des Unternehmens zu erhöhen, während den mit festem Lohn angestellten Burschen der Milchhändler dieser Anreiz gewöhnlich fehlt.

Nicht zuletzt trug es dazu bei, den Umsatz der MMZ. zu erhöhen, daß diese sofort nach Eröffnung ihres Betriebes in der Lage war, die Milch, sofern sie am Wagen abgeholt wurde, um einen Pfennig billiger zu verkaufen, als es bis dahin allgemein der Fall war. (Eine derartige Preisermäßigung gleich zu Anfang war natürlich mit dadurch ermöglicht worden, daß die Stadt die Räume und einen Teil der nötigen Betriebskräfte, wie wir sahen, zu besonders billigen Preisen überließ. Daraus der Stadt einen Vorwurf zu machen, wie es von seiten der Gegner manchmal geschehen ist, ist durchaus nicht berechtigt. Sie hatte im Gegenteil die Pflicht, das Kind, das sie ins Leben rief, so auszustatten, daß es den Kampf aufnehmen konnte.) Die Zunahme des Umsatzes ermöglichte eine bessere Ausnützung der Betriebsanlagen und dadurch eine weitere Verbilligung des Preises, so daß der Milchpreis heute beim Abholen in der Zentrale 20 Pf., am Wagen 22 Pf. beträgt, während er sich um einen Pfennig erhöht, wenn die Milch ins Haus gebracht werden muß. Obwohl noch an einer anderen Stelle die Preisfrage im Zusammenhang erörtert werden muß, so soll doch jetzt schon darauf aufmerksam gemacht werden, daß wenige Monate nach der Eröffnung des Betriebes der MMZ. der Milchpreis in Mannheim allgemein gesunken ist, während in anderen Städten die Höhe heute immer noch die gleiche ist, wie im Jahre 1912.

Die MMZ. erfüllt also die Zwecke, die man bei ihrer Gründung verfolgte, denn sie lieferte eine qualitativ durchaus empfehlenswerte Milch zu einem verhältnismäßig billigen Preise und wirkt als Preisregulator, denn sie bestimmt den Verkaufspreis der Händler.

Sehr interessant ist es, daß, wie aus dem Geschäftsbericht über das erste Jahr hervorgeht, es der MMZ. möglich war, einen kleinen Geschäftsgewinn zu erzielen.

Wenn wir wünschen, daß der Umsatz der MMZ. von Jahr zu Jahr wachsen möge, so verhehlen wir uns nicht, daß der Milchhandel darunter zu leiden haben wird. Aber was gelegentlich der prinzipiellen Behandlung dieser Frage ausgeführt wurde, gilt auch im speziellen Fall. Bis jetzt ist eine Konzentration noch nicht eingetreten, daß sie sich vollziehen wird, halten wir für ziemlich sicher. Doch, da sie dem Wohl des Ganzen förderlich ist, müssen wir die Entwicklung gutheißen[1].

---

[1] Wie wir nachträglich erfahren, wird noch im Laufe des Jahres 1914 die Organisation der MMZ. eine Umgestaltung erfahren. An Stelle der e. G. m. b. H. wird eine A.-G. treten. Wenn auch die endgültigen Satzungen noch nicht vorliegen, so kann doch schon heute gesagt werden, daß auch in seiner neuen Form das Unternehmen seinen gemischtwirtschaftlichen Charakter und damit seine Bedeutung für Mannheim vollkommen bewahren wird. Die Kommune wird nach dem uns vorliegenden Satzungsentwurf weitaus die Majorität der Aktien besitzen. (Eine vollständige Wiedergabe dieses Entwurfs ist als Anhang beigegeben.)

VII. Die Mannheimer Milchküchen.

A. Allgemeines über Milchküchen.

Eine der wichtigsten Fragen der städtischen Milchversorgung ist die der Beschaffung einwandfreier Säuglingsmilch. Noch immer ist die Säuglingssterblichkeit in den deutschen Großstädten so hoch — sie betrug 1912 nach den Beiträgen zur Statistik der Stadt München in Berlin 14,3 %, München 13,4 %, Frankfurt 10,2 %, Stuttgart 13,3 %, Mannheim 15,1 %, Karlsruhe 14,4 % der Lebendgeborenen —, daß energisch Wege beschritten werden müssen, die geeignet sind, sie zu reduzieren; ebenso macht andererseits der Geburtenrückgang die Fürsorge für das Wohl der Säuglinge zur dringenden Pflicht.

Die Überwindung der Gefahren des ersten Lebensjahres hängt in erster Linie von der Ernährungsweise ab. Die beste Nahrung, die natürliche, ist dem Kinde aus mannigfachen Gründen oft versagt. Stillunfähigkeit und Krankheit der Mutter gehören zu diesen Ursachen, in besser situierten Kreisen wohl auch die Unlust der Frauen, die Mühen dieser Mutterpflicht auf sich zu nehmen; die Frauen der ärmeren Schichten sehen sich durch den Zwang, ihren Lebensunterhalt durch Arbeit außerhalb des Hauses zu gewinnen, oft schon nach Ablauf der gesetzlichen Schutzfrist genötigt, ihr Kind zu entwöhnen; bei unehelichen Kindern kommt noch die Tatsache hinzu, daß sie oft schon sehr kurze Zeit nach der Geburt fremden Händen übergeben werden. Erfreulicherweise kann gegenwärtig eine Zunahme des Stillens konstatiert werden. Sie ist teils zurückzuführen auf die größere Einsicht der Mütter, zum andern Teil auf Maßnahmen, die eine Erleichterung der Stilltätigkeit herbeiführen; es sei nur auf die Einrichtung von Stillstuben für arbeitende Mütter, wie eine solche in Mannheim z. B. in der Rheinischen Gummi- und Zelluloidfabrik besteht, und auf die Gewährung von Stillbeihilfen, sogenannte Stillprämien, wie sie auch der Frauenverein Mannheim eingeführt hat, hingewiesen.

Doch das Gros der Säuglinge ist auf die Ernährung mit Tiermilch angewiesen, die ihm wenigstens in möglichst einwandfreier Form verabreicht werden muß. Die gewöhnliche Marktmilch ist jedenfalls sehr ungeeignet. Nicht nur die vielen Verunreinigungen, denen sie auf dem Wege vom Produzenten zum Konsumenten ausgesetzt ist, sind

Gift für den kindlichen Organismus, sondern auch die durch die Fütterung bedingten Schwankungen in der Zusammensetzung der Milch können deren Zuträglichkeit beeinträchtigen. Daher fordert man die Ernährung der Kinder mit eigens zu diesem Zweck in kontrollierten Betrieben mittelst Trockenfütterung gewonnener sogenannter Kindermilch. Der Wert dieser Milch für den Säugling ist natürlich ein besonders hoher, doch die beträchtlichen Erzeugungskosten, bedingt durch die Einstellung teuren Viehes, durch Verwendung von Kraftfuttermitteln usw. stellen selbst bei einem Preis, der den Marktpreis um 15—25 Pf. übersteigt, nicht nur die Rentabilität der betreffenden Unternehmungen in Frage, sondern setzen vor allem der Verwendung dieser Milch eine Schranke. Sie kommt fast nur für wohlhabende Kreise in Betracht. Den unbemittelten Schichten der Bevölkerung könnte sie nur durch Eingreifen der Kommune zugänglich gemacht werden.

Zwei Möglichkeiten dazu sind vorhanden. Die Stadt kann einmal mit den Lieferanten einen Vertrag abschließen, demzufolge diese einen bestimmten Kreis von Abnehmern — etwa von der städtischen Armenverwaltung bestimmten, oder solchen, deren Einkommen eine bestimmte Höhe nicht überschreitet — die Milch zu einem dem Marktpreise entsprechenden Preise verkauft, während die Gemeinde die Mehrkosten trägt. Ein zweiter Weg ist der, daß die Städte eigene Betriebe zur Erzeugung von Kindermilch einrichten, doch haben die deutschen Kommunen, soweit es uns bekannt ist, diesen Schritt noch nicht unternommen, wohl weil die Unkosten, wie gesagt, besonders hoch sind, und dazu die Verantwortlichkeit eine sehr große ist.

Die Bestrebungen, einen Ersatz für diese teure Kindermilch zu finden, sind insofern von Erfolg begleitet gewesen, als man heute imstande ist, durch Sterilisieren der Milch und Herstellung von bestimmten Milchmischungen, die Gefahren, die das Verabreichen gewöhnlicher Marktmilch mit sich bringt, auf ein Minimum zu reduzieren. Da die reine Kuhmilch von dem kindlichen Organismus oft nicht ertragen wird, so wird sie gewöhnlich durch Verdünnung oder Zusätze bekömmlicher gemacht, und in ihrer Zusammensetzung der Muttermilch angepaßt.

Diese Behandlung der Milch kann wohl auch im Privathaushalt vorgenommen werden, sie beansprucht aber ziemlich viel Zeit, eine gewisse Gewandtheit im Abmessen der Zutaten und vor allem größte

Reinlichkeit, so daß sie im allgemeinen wohl am besten in eigens dazu bestimmten Betrieben, in sogenannten Milchküchen stattfindet. Da die Herstellung der Nahrungsgemische oft recht kostspielig ist, so werden diese Milchküchen gewöhnlich als Wohlfahrtseinrichtungen von privaten Organisationen, manchmal auch von städtischen Behörden betrieben. Im ersteren Fall unterstützen die städtischen Verwaltungen oft die private Fürsorgetätigkeit durch feste Zuschüsse oder dadurch, daß sie einen Teil oder die ganzen Kosten der an Bedürftige und Arme unentgeltlich gelieferten Milch tragen. Unseres Erachtens kann der Betrieb der Milchküchen durch private Organisationen, die an den guten Willen einzelner gebunden und dadurch in ihrer Ausdehnung oft beschränkt sind, nur ein Übergangsstadium darstellen. Wie die Gemeinde heute Schulen, Krankenhäuser einrichtet, wie sie Schlachthöfe erstellt, wie sie für die Beschaffung von gesundem Wasser Sorge trägt, wird sie in nicht zu ferner Zukunft daran gehen müssen, Milchküchen zu organisieren. Werden diese an bestehende Anstalten, wie z. B. Schlachthöfe, angegliedert (in Mannheim besteht die besonders günstige Gelegenheit einer Verbindung mit der Milchzentrale), so können die Betriebskosten durch gemeinsame Benützung von Einrichtungen wie Dampf, Kühlanlagen usw. sehr vermindert werden. Da die Milchküchen von möglichst weiten Kreisen der Bevölkerung benutzt werden sollen, so ist auf einen angemessenen Preis zu sehen. An ganz Unbemittelte muß die Abgabe unentgeltlich erfolgen, niemals darf die Milchlieferung als Armenunterstützung angesehen werden, da besonders wegen der politischen Folgen sonst die Einrichtung gerade von denen, die ihrer am meisten bedürfen, oft nicht benützt werden wird.

Die Preisfrage ist bei den bestehenden Milchküchen nicht einheitlich geregelt, die Schwierigkeiten sind nicht klein. Wird die Milch unter Marktpreis abgegeben, so liegt die Gefahr des Mißbrauchs nahe. Wie Spiegel mitteilt, war dieses System in Halle eine Zeitlang eingeführt, wurde aber dann wieder aufgegeben, weil sich Mißstände herausstellten.

Soll der Preis für alle Kreise der gleiche sein, oder soll er, je nach den Vermögensverhältnissen, abgestuft werden? Das erstere System ist in Frankfurt eingeführt. Es bietet jedenfalls den Vorteil, daß die Gefahr einer Verletzung des persönlichen Ehrgefühls wegfällt; andererseits ist der Preis für die Minderbemittelten aber relativ hoch. Beim

System der abgestuften Preise ist es eher möglich, der sozialen Lage der einzelnen Familien gerecht zu werden; der Einnahmeausfall, der durch Verkauf unter Selbstkosten an Bedürftige entsteht, kann durch die Mehreinnahme bei den Wohlhabenden gedeckt werden. Da dieses System in Mannheim eingeführt ist, so werden wir das Nähere an gegebener Stelle, bei der Darstellung der Mannheimer Milchküchen, zu der wir nunmehr übergehen, erörtern.

B. Die Milchküchen des Frauenvereins und der Rheinischen Gummi- und Zelluloidfabrik in Mannheim.

Zwei Milchküchen befriedigen in Mannheim den Bedarf an Säuglingsmilch. Beide werden von privaten Organen betrieben. Die eine steht unter Leitung des Frauenvereins Mannheim, die andere ist an die Rheinische Gummi- und Zelluloidfabrik angegliedert.

Die Milchküche des Mannheimer Frauenvereins — wir wollen sie der Einfachheit halber von nun ab Milchküche I nennen — wurde am 20. November 1907, im Neubau der Volksküche III in der Neckarvorstadt eröffnet. Ihre Einrichtung ist etwa folgende: Man gelangt zunächst in einen Vorraum, von dem aus die Milchabgabe erfolgt. Daran schließt sich der Kühlraum an, zwei Bassins mit Sprühbahnen dienen zur Kühlung und Aufbewahrung der fertigen Portionen, ein Kühlbassin für die Aufnahme der frischen Milch. Von hier aus gelangt man in die Küche; diese, der größte Raum, enthält einen Gasherd, eine Zentrifuge zur Rahmgewinnung, eine Buttermaschine zur Bereitung von Buttermilch, einen Spültisch mit Kalt- und Warmwasserleitung; die Flaschenspülung erfolgt durch eine Bürste, die durch eine mit Wasserkraft betriebene Turbine in Tätigkeit gesetzt wird. In einem besonderen Raum hat der Sterilisationsapparat Aufstellung gefunden.

Der Betrieb wird geleitet von einer besonders für diese Tätigkeit vorgebildeten Dame. Sie unterstützen neben angestellten Hilfskräften auch Mitglieder der Jugendgruppe für soziale Hilfsarbeit.

Ein großer Teil der Milch wird an den Schaltern der Milchküche selbst abgeholt. Fünf Filialen in Mannheim und zwei in Ludwigshafen, davon eine in der Badischen Anilin- und Sodafabrik, besorgen die Verteilung an die weiter entfernt wohnenden Kunden. Gegen einen Aufschlag von 20 Pf. ist es möglich, die Milch durch Automobil ins Haus gebracht zu erhalten, eine Einrichtung, die wohl nur den Bessersituierten zugute kommt.

Wer kann überhaupt aus der Mannheimer Milchküche Säuglingsnahrung beziehen? Jedermann, der die Bedingung erfüllt, sein Kind von einem Arzt untersuchen zu lassen, und ein von diesem ausgefülltes Rezept vorlegen kann. Diese Maßregel ist durchaus gerechtfertigt. Sie garantiert dafür, daß das Kind die Nahrung erhält, die ihm zuträglich ist. Selbstverständlich müssen die Kinder nach einiger Zeit dem Arzte wieder vorgestellt werden, damit dieser feststellen kann, ob die bisherige Nahrung weitergegeben werden soll, oder ob eine Änderung vorgenommen werden muß. Durch diese Forderung der Milchküche wird manches Kind vom Arzte untersucht, das ihm sonst wohl erst dann gezeigt worden wäre, wenn Krankheitssymptome dringend seine Hilfe verlangten; dann, wenn oft die ärztliche Kunst, trotz aller Mühe, nicht mehr helfen kann. Der Arztzwang ist also durchaus zu begrüßen. Während in vielen anderen Städten — wir nennen nur Breslau, wo diese Einrichtung von Anfang an bestanden hat, und Karlsruhe, wo unseres Wissens die Milchküche mit einem Ambulatorium verbunden ist —, die Milchküchen oft eigene Ärzte zur Untersuchung der Kinder angestellt haben, besteht in Mannheim auch in diesem Fall durchaus das Prinzip der freien Arztwahl.

Auf Grund der ärztlichen Rezepte werden in der Milchküche I außer reiner Kuhmilch, aus einem amtlich kontrollierten Stall (andere Milch kommt bis jetzt überhaupt nicht zur Verwendung), im wesentlichen sechs Mischungen verabreicht. Wenn der Arzt nichts anderes bestimmt, bestehen sie in den ersten drei Monaten aus sechs, später aus fünf Flaschen. Die Mischungen sind: 1. Milchwassermischung: Milch, Wasser, Zucker. 2. Milchschleimmischung: wie oben, nur statt Wasser Reis- oder Gerstenschleim. 3. Rahmgemenge nach Biedert: Rahm, Wasser, Zucker, Milch. (Je nach dem Alter der Kinder werden die Nährstoffe in diesen drei Mischungen in bestimmten Verhältnissen angewandt.) 4. Malzsuppe. 5. Buttermilch. 6. Eiweißmilch. Nach ärztlicher Vorschrift werden auch andere Gemenge verabfolgt.

Die Milchküche I, die, wie wir gesehen haben, allen Bevölkerungsschichten zugänglich ist, sucht den verschiedenen Vermögensverhältnissen dadurch gerecht zu werden, daß sie zu den Selbstkostenpreisen Zuschläge von 10—40 Pf. pro Portion, abgestuft nach der Zahlungsfähigkeit ihrer Kunden, erhebt. Bedürftige erhalten die Milch unter Selbstkostenpreis und ganz Arme wohl auch umsonst.

Dieses System hat neben verschiedenen Vorzügen auch Schattenseiten, wenigstens solange die Milchküchen unter privater Leitung stehen. Ein großer Vorzug besteht darin, daß die Wohlhabenden dazu beitragen, den Ausfall, der durch Abgabe unter Selbstkostenpreis an Ärmere eintritt, zu decken. Sie arbeiten dadurch mit an der sozialen Fürsorge, was sie sonst nicht immer getan hätten.

Selbstverständlich liegt auch eine gewisse Gerechtigkeit in diesem System. Nach welchen Grundsätzen aber soll die Abstufung stattfinden? Für private Organisationen ergeben sich dabei verschiedene Schwierigkeiten, insbesondere bei Ermittlung des Einkommens. Einmal sind sie nur auf freiwillige Angaben angewiesen, die nicht immer den Tatsachen entsprechen dürften. Des weiteren verlangt die Gerechtigkeit, daß bei einem derartigen System noch eine ganze Reihe anderer Faktoren, wie Zahl und Alter der vorhandenen Kinder, der sonst noch zu ernährenden Familienangehörigen, berücksichtigt werden. Alle diese Feststellungen erfordern, wenn sie Anspruch auf Genauigkeit erheben wollen, einen größeren Aufwand von Zeit und Personal und können daher von Privaten nur schwer durchgeführt werden. Immerhin muß zugegeben werden, daß die Vorzüge dieses Systems so groß sind, daß es bis jetzt als das Beste anzusehen ist. Seine Einführung dürfte sich bei zweckmäßiger Ausgestaltung besonders für kommunale Milchküchen empfehlen, denen die notwendigen Angaben (durch Steuerkataster usw.) eher zur Verfügung stehen als Privaten.

Im folgenden einige Zahlen über die Frequenz der Milchküche I:

XIV. Übersicht über die Frequenz der Milchküche.

Jahr	Zahl der Kinder	Es wurden verabreicht . . . . Portionen											
		Januar	Februar	März	April	Mai	Juni	Juli	August	September	Oktober	November	Dezember
1907	455	—	—	—	—	—	3088	4398	5230	5251	4385	3618	3490
1908	700	3125	3018	3523	4324	5745	6638	7795	7993	7107	6912	6007	5681
1909	874	5307	5028	5864	5817	6369	7034	8045	8588	8834	8846	7855	8018
1910	980	8488	7923	9290	9505	10864	11191	11259	10931	10523	9718	8576	8526
1911	960	8113	7073	7867	7737	8397	9252	10156	10802	10140	8496	7287	7009
1912	852	6990	6634	7726	7471	8188	8238	8875	8818	7488	6820	6456	6707

Aus dieser Übersicht geht hervor, daß die Zahl der verabreichten Portionen von 1907—1910 von 455 auf 980 gestiegen ist. Das folgende Jahr 1911 weist einen kleinen Rückgang auf, im Jahre 1912 sinkt die Zahl auf 852 herab. Es ist zunächst auffallend, daß gerade in den letzten Jahren die Frequenzziffer sinkt. Das Jahr 1911 war den Kindern ja besonders gefährlich. Doch dürfen wir annehmen, daß die gerade in diesem Jahre einsetzende Propagierung der Stilltätigkeit durch den Frauenverein — besonders durch die Gewährung von Stillprämien — dadurch einen Ausgleich schaffte, daß sie viele Mütter veranlaßte, ihren Kindern die natürliche Nahrung zu geben, was sicher nicht ohne Einfluß auf die Frequenz der Milchküche war. Auch die Ursache dafür, daß im Jahre 1912 ein Rückgang um rund 100 Kinder zu verzeichnen ist, wird in außerhalb liegenden Faktoren und nicht in einem Versagen des Systems zu suchen sein. Neben dem Einfluß der gesteigerten Stilltätigkeit macht sich hier zweifellos eine Wirkung der Milchzentrale geltend; die Mütter wissen, daß ihnen von dort eine hygienisch einwandfreie Milch geliefert wird, die sie ihren gesunden Kindern in unverändertem Zustand verabreichen, oder mit der sie einfache Mischungen, wie das Gemenge 1, nach ärztlicher Vorschrift selbst anfertigen.

Die Tabelle zeigt ferner, daß, wie von vornherein anzunehmen war, im allgemeinen die Sommermonate die höchste Frequenz aufweisen; nur im ersten Jahre weist der September die höchste Ziffer auf, und im Jahre 1909 ist der Schwerpunkt auf den Oktober verschoben.

Eine statistische Übersicht über die Dauer des Milchbezugs der einzelnen Kinder hier einzufügen, muß, so interessant es auch wäre, darüber Aufschluß zu erhalten, deshalb unterbleiben, weil das zur Verfügung stehende Material uns dafür nicht ganz ausreichend erschien.

In folgendem soll noch kurz über die Milchküche II berichtet werden. Sie verdankt der Initiative eines sozial gesinnten Fabrikbesitzers ihr Entstehen. Zuerst gedacht als eine Einrichtung für das Fabrikpersonal, ist sie sehr bald dem allgemeinen Publikum zugänglich gemacht worden. Heute erstreckt sich ihr Versorgungskreis über Mannheim hinaus bis nach Hockenheim, Schwetzingen, Ketsch.

Durch die Angliederung an die Fabrik ist es möglich gewesen, die Betriebskosten durch Benützung schon vorhandener Anlagen bedeutend zu verringern. Darin liegt ein Vorteil dieser Milchküche gegenüber andern, die alle Anlagen neu herstellen müssen, wie es meist bei den von Wohltätigkeitsvereinen geleiteten der Fall ist, nicht aber gegenüber städtischen Milchküchen, die, wie schon an anderer Stelle gesagt wurde, meist bestehende Einrichtungen mit benützen können.

Der edle Sinn des Mannheimer Fabrikanten, der nach seinen eigenen Worten die Einrichtung derartiger Milchküchen als eine Pflicht der Arbeiterschaft gegenüber ansieht, verdient selbstverständlich volle Anerkennung. Doch darf eine große Gefahr nicht übersehen werden, nämlich die, daß in Zeiten von Lohnkämpfen diese Milchküchen gesperrt werden können; also gerade in Zeiten der Not, wo die finanzielle Lage der Eltern es als besonders erforderlich erscheinen läßt, daß sie wenigstens für die Kleinsten der Kleinen die notwendige Nahrung gut und billig beschaffen können.

Auch in dieser Milchküche werden neben Normalmischungen, nach ärztlicher Vorschrift, verschiedene Gemenge verabreicht. Die Preise werden allein nach der Konzentration und Menge berechnet, sie schwanken zwischen 1 und 6 Pf. per Flasche.

Die Entwicklung der Milchküche II ist sehr erfreulich. Im Jahre 1907 wurden erstmals 287 Säuglinge versorgt; 1908 erhöhte sich deren Zahl auf 532, für die etwa 247 000 Einzelportionen benötigt wurden. 1909 tritt ein vorübergehender Rückgang der Zahl der Kinder auf 464 ein, 1910 folgt wieder ein Steigen der Zahl auf 580, wodurch 267 000 Einzelportionen erforderlich wurden. Im Jahre 1911 ist nach dem Mannheimer Verwaltungsbericht die benötigte Milchmenge auf etwas über 62 000 l gegenüber 58 000 im Vorjahre gestiegen, woraus der Schluß auf ein weiteres Steigen der Frequenz zu ziehen ist.

Beide Mannheimer Milchküchen leisten mit ihren immerhin im Verhältnis zur Größe der Aufgabe kleinen Mitteln für die Versorgung der Mannheimer Säuglinge unentbehrliche Dienste. Zu wünschen ist, daß das, was sie begonnen, von der Stadt einmal in großzügiger Weise ausgebaut werden möge.

Neben den beiden Milchküchen kommen nur noch wenige Geschäfte für den Vertrieb von Kindermilch in Betracht. Die zum Verkauf gelangende Kindermilch stammt größtenteils aus zwei Ludwigshafener Betrieben, die unter amtlicher Kontrolle stehen. In Mannheim selbst ist die Erzeugung von Kindermilch in derartigen Betrieben eingestellt worden, wahrscheinlich weil sie nicht mehr rentabel war.

Neben dieser speziellen Kindermilch wird als solche häufig sogenannte Vorzugsmilch verwandt. Diese gelangt in Flaschen abgefüllt zum Verkauf und entspricht daher den Ansprüchen der Hygiene mehr als die gewöhnliche Milch. Ihr Preis beträgt gegenwärtig 24—26 Pf.

VIII. Sonstige Arten des Milchvertriebs.

A. Der Milchausschank durch Milchhäuschen und Sodawasserbuden.

Beim Gang durch die Straßen Mannheims erblickt man des öfteren an Kreuzungen oder belebteren Plätzen kleine Buden. Schilder mit Aufschriften wie: Sodawasser, Limonade, Milch verkünden dem Vorübereilenden ihren Zweck. Jeder kann hier seinen Durst durch alkoholfreie Getränke auf billige Weise löschen; unter ihnen sollte die Milch den ersten Platz einnehmen, doch ist dies bei weitem noch nicht der Fall. Die meisten dieser Häuschen sind Sodawasserbuden, und der Milchvertrieb ist nur zur Ergänzung des Sodawasserverkaufes eingeführt.

Über 20 solcher Erfrischungsbuden sind im Stadtgebiet zu finden. Davon sind 15 von einer größeren Sodawasser- und Limonadenfabrik eingerichtet. Der Milchverkauf der verschiedenen Filialen dieser Firma ist sehr schwankend. Einzelne, die an großen Verkehrszentren, in der Nähe von Schulen, Fabriken usw. liegen, haben häufig einen täglichen Umsatz von 50—60 l Milch, indessen sind auch solche vorhanden, deren täglicher Milchverkauf 1—2 l nicht übersteigt.

Besondere Erwähnung verdienen die vom „Gemeinnützigen Verein für Milchausschank in Rheinland und Westfalen" eingerichteten Milchhäuschen, drei an der Zahl, die durch eine günstige Lage in der Nähe eines Krankenhauses, einer Fabrik und eines Vorortbahnhofes ausgezeichnet sind. Nach einer Mitteilung der Gesellschaft belief sich der gesamte Umsatz der drei Häuschen in der Zeit vom Juli 1912 bis inklusive Juli 1913 auf rund 26000 l, also pro Tag 155—160 l.

Die Milchzentrale selbst besitzt eine Verkaufsstelle im Friedrichspark, die besonders von den dort sich aufhaltenden Kindern an Nachmittagen frequentiert wird. Außerdem hat sie im Schlachthof einen kleinen Milchgarten angelegt, der von den in der Nähe wohnenden

Frauen und Kindern gerne aufgesucht wird. Ein Vorzug dieses Milchgartens ist, daß er zugleich Gelegenheit zum Ausruhen bietet.

Auch die Frauengruppe gegen Mißbrauch geistiger Getränke hat sich die Errichtung von derartigen Häuschen angelegen sein lassen, über deren Frequenz stehen uns keine Angaben zur Verfügung. — Der Preis der Milch beträgt durchschnittlich 7 Pf. für $^1/_4$ l in kaltem oder warmem Zustand.

B. Der Milchausschank in Volksküchen.

Ein großes Verdienst hat sich der Frauenverein Mannheim durch die Einrichtung von Volksküchen erworben. Dort erhalten die minderbemittelten Kreise der Bevölkerung ein nahrhaftes und schmackhaftes, in der Dampfküche zubereitetes Mittag- und Abendessen zu billigem Preise. Den ganzen Tag über werden außerdem Kaffee, Kakao, Milch und Tee in warmem und kaltem Zustand zum Preise von 5 Pf. die Tasse verkauft, daneben Sodawasser und Limonaden; alkoholische Getränke sind mit Recht vollständig verbannt.

Der Konsum von reiner Milch ist erfreulicherweise nicht gering. Nach dem Bericht des Frauenvereins ist er gerade im letzten Jahre bedeutend gestiegen, so daß jetzt mehr Tassen Milch als Kaffee verlangt werden, während noch vor wenigen Jahren der Verkauf von Kaffee den von Milch übertraf. Im Jahre 1912 verbrauchten die drei Volksküchen rund 50 000 l Milch; entsprechend der verschiedenen Frequenz der einzelnen Küchen, ist auch deren Milchverbrauch verschieden. An der Spitze steht die Volksküche I im Zentrum der Stadt mit etwa 25 000 l, dann folgt die Volksküche II in der Schwetzinger Vorstadt mit etwa 13000 l und als letzte die Volksküche III in der Neckarstadt, deren Umsatz etwas mehr als 10 000 l beträgt. In den Wintermonaten ist der Milchverbrauch der Volksküchen durchschnittlich am höchsten. Entsprechend dem höheren Wärmebedürfnis des Körpers werden in der kalten Jahreszeit mehr warme Getränke konsumiert, als in den übrigen Monaten. Darauf wird es auch zurückzuführen sein, daß im Hochsommer der Konsum am geringsten ist.

C. Das Schülerfrühstück.

Zu den Mitteln, die von den Kommunen angewandt werden, um die drückendste soziale Not zu lindern, gehört auch die Verabreichung von Frühstück an arme Volksschulkinder. Mannheim war eine der ersten Städte, die sich zu seiner Einführung entschlossen. Schon im Jahre 1887 beschloß der Stadtrat, auf Grund eines Vorschlages der Armenkommission, im kommenden Winter unbemittelten Volksschülern ein warmes Frühstück, bestehend aus Milch und Brötchen, zu gewähren. Diese Maßnahme hat sich bewährt, und das Schülerfrühstück ist eine dauernde Einrichtung geworden, zum Segen der Ärmsten der Mannheimer Schuljugend.

Die Abgabe des Frühstücks erfolgt auf Grund eines Anmeldebogens, der Angaben über die Familienverhältnisse der Kinder und das Einkommen der Eltern enthält. Leider kann die Einrichtung des Schülerfrühstücks noch nicht in dem Maße wohltuend wirken, als es wünschenswert wäre. Die Auslese der Kinder läßt zu wünschen übrig, ein Übelstand, der zum Teil darin begründet ist, daß viele Eltern sich schämen, einzugestehen, daß es ihnen schwer wird, eine Tasse Milch zum Frühstück ihrer Kinder zu beschaffen. Daß hier und da auch Schüler der Vergünstigung teilhaftig werden, deren Eltern wohl in der Lage wären, die geringen Kosten eines Frühstücks zu tragen, darf selbstverständlich ebensowenig als ein Fehler des Systems angesehen werden. Eine durchgreifende ärztliche Kontrolle über die Kinder hat sich bis jetzt noch nicht ermöglichen lassen, wäre aber, was auch der Schularzt in seinem Tätigkeitsbericht hervorhebt, sehr wünschenswert.

Die Abgabe des Frühstücks erfolgt durchaus unentgeltlich und gilt nicht als Armenunterstützung. Vorübergehend wurde von 1889—1892 eine Vergütung von 15 Pf. von Bemittelteren angenommen, doch dieses System führte zu Unzuträglichkeiten, daher wurde seit 1892 die vollständige Unentgeltlichkeit wieder eingeführt.

Im ersten Jahre wurde an 730 Kinder 35 Tage lang ein Frühstück verabreicht. Dazu wurden rund 5600 l Milch verbraucht. Bis zum Jahre 1911 ist die Zahl der versorgten Knaben und Mädchen auf 3819 unter 27 101 Schülern gestiegen. Zu ihrer Versorgung waren rund 81 100 l Milch nötig.

Neben dem Frühstück erhalten viele der Kinder in den Schülerhorten, die von Privaten unterhalten werden, auch nachmittags eine Tasse Milch und Brot.

Ganz kurz sei noch darauf hingewiesen, daß auch in einzelnen Mittelschulen ein Milchausschank stattfindet, so in den beiden höheren Mädchenschulen, wo etwa je 5000 l im Jahre verabreicht werden, im Gymnasium, wo im Jahre rund 1000 l getrunken werden, und im Realgymnasium. Der Milchausschank wird in diesen Schulen vom Diener auf eigene Rechnung besorgt, er verlangt gewöhnlich 10 Pf. für ¼ l Milch.

D. Der Werkausschank von Milch.

Größere gewerbliche — besonders industrielle Unternehmungen — besitzen meist Kantinen, in denen Nahrungs- und Genußmittel während der Arbeitspausen an Angestellte und Arbeiter verkauft werden. In manchen Betrieben werden Getränke unentgeltlich oder zu einem geringen Preise den Arbeitern von seiten der Firma verabreicht.

Um darüber Aufschluß zu erhalten, in welchem Maße die Milch als Werkgetränk in Frage kommt, veranstalteten wir eine Rundfrage bei 37 größeren Mannheimer Betrieben. Außer vier Warenhäusern, einem Hutgeschäft, dem Konsumverein, einer Versicherungsgesellschaft und endlich der Kantinenverwaltung der Großh. Staatsbahnen Mannheim wurden nur Industriefirmen gefragt. Darunter waren Firmen aus fast allen bedeutenderen in Mannheim vertretenen Industriezweigen, wie Maschinen- und Automobilfabriken, ein Stahlwerk, chemische Fabriken, eine Pflanzenfettfabrik, eine große Ofenfabrik, die Zellstofffabrik, eine Elektrizitätsfirma, die Mannheimer Spiegelmanufaktur, eine Korsettfabrik.

Insgesamt 31, darunter drei kaufmännische Firmen und die Kantinenverwaltung der Großh. Staatsbahnen gaben Auskunft. Von den Antworten waren einige negativ, d. h. die Firmen erklärten, nähere Angaben nicht machen zu können. Als Grund dafür wurde einmal angegeben, daß die Kantine an eine Brauerei verpachtet sei, und die Firma daher keinen Einblick in deren Umsätze habe. Die übrigen Firmen gaben so verschiedenartige Auskünfte, daß von einer ausführlicheren statistischen Bearbeitung abgesehen werden muß, und nur die Ergebnisse im allgemeinen mitgeteilt werden können.

Die hauptsächlich in Betracht kommenden Fragen bezogen sich auf die Zahl der beschäftigten Personen männlichen und weiblichen Geschlechtes, und die Art und durchschnittliche jährliche Menge der verabreichten Getränke. Unter anderem wurde auch gefragt: Besteht Alkoholverbot? Und: Sucht die Firma durch irgendwelche Maßnahmen den Milchkonsum ihres Personals zu heben? Für den Fall, daß Milch zum Verkauf gelangt, war nach den Bedingungen gefragt, die die Firmen an Qualität und Preis stellen, und ferner darnach, zu welchem Preise die Milch an die Arbeiter abgegeben wird. Leider wurden von den Unternehmungen, in deren Betrieb Milch verabreicht wird, diese Fragen nicht immer beantwortet.

Aus unserer Rundfrage ergibt sich, daß die alkoholischen Getränke — unter ihnen das Bier — den größten Umsatz aufweisen. In einer Zeit, in der die Wissenschaft — wir nennen nur Aschaffenburg, Kraepelin — festgestellt hat, daß der Alkoholgenuß die Produktivität hemmt, sollte dieser aus den industriellen Betrieben unbedingt verbannt werden. Sicherlich würde dadurch auch die Unfallhäufigkeit bedeutend vermindert werden. Ferner muß noch in Betracht gezogen werden, daß die Ausgaben für alkoholische Getränke das Budget des Arbeiters belasten, ohne daß er dafür ein entsprechendes Äquivalent erhält. Von den befragten Betrieben hatten nur sechs ein vollständiges Alkoholverbot eingeführt, drei ein teilweises.

Neben den alkoholischen Getränken werden nicht unbedeutende Mengen alkoholfreier Ersatzgetränke, wie Selterswasser, Limonaden, Kakao, Kaffee und Tee verabreicht, dagegen Milch nur in seltenen Fällen. Besonders Tee wird in einigen Betrieben in größeren Mengen zum Teil gratis, zum Teil zu ganz minimalen Preisen an die Arbeiterschaft abgegeben. So anerkennenswert das Vorgehen dieser Firmen auch ist, so sollten sie sich doch einmal überlegen, ob sie es nicht ermöglichen können, statt dieses reinen Genußgetränkes die Milch zu verabreichen, die Genuß- und Nahrungsmittel zugleich ist.

Besonders empfehlenswert zu diesem Zweck ist die Magermilch, die außer dem Fett alle Nährstoffe der Milch enthält. Professor Kamp empfiehlt besonders ihre Einführung in Betrieben mit großer Hitzeentwicklung. Unter den von uns befragten Betrieben waren nur acht festzustellen, in denen Milch zum Ausschank kommt, darunter fünf, in denen zugleich Alkoholverbot eingeführt ist. Meist beschäftigen diese Firmen eine größere Anzahl weiblicher Personen. Zwei derselben arbeiten vorwiegend mit weiblichem Personal; im Betrieb der einen, einem sehr großen Hutgeschäft, besteht Alkoholverbot, während in dem anderen Unternehmen, einer Korsettfabrik, eine relativ große Biermenge zum Ausschank gelangt, obwohl die Zahl der dort beschäftigten männlichen Personen im Verhältnis zur Zahl der weiblichen nur gering ist. Wenn wir diese Tatsache konstatieren, so hoffen wir doch, daß wir sie nicht als Symptom dafür auffassen müssen, daß Alkoholgenuß und Trinksitten bei den Frauen an Ausdehnung gewinnen; dies wäre im

Interesse der Volksgesundheit sehr zu bedauern. Sehr erfreulich ist dagegen die Mitteilung einer großen Maschinenfabrik, aus der hervorgeht, daß das in der Nähe befindliche Milchhäuschen der Rheinisch-Westfälischen Gesellschaft von ihren Arbeitern stark frequentiert wird.

Will man die Milch als Werkgetränk einführen, so darf der Preis, zu dem sie verabreicht wird, unter keinen Umständen den Selbstkostenpreis übersteigen. Sonst wird von der Einrichtung des Milchausschanks nicht genügend Gebrauch gemacht werden. Das Beispiel einzelner Firmen, die die Milch unter Selbstkostenpreis abgeben, ist sehr zu begrüßen. Sehr beachtenswert ist ferner das Vorgehen des schon erwähnten Hutgeschäftes. Diese Firma macht ihre Angestellten besonders auf den hohen Nährwert der Milch im Verhältnis zu dem viel geringeren von Kaffee und Tee aufmerksam. Ihr Versuch, den Milchkonsum dadurch zu erhöhen, daß sie zu sehr billigem Preise reinen Milchkakao verabreicht, war durchaus erfolgreich.

Von wenigen Ausnahmen abgesehen, hat, wie wir gesehen haben, der Werkausschank von Milch in Mannheim noch nicht die Ausdehnung, die seiner Bedeutung entspricht. Durchführung des Alkoholverbots, Einführung der Milch als Ersatzgetränk sind Forderungen, die im Interesse einer Steigerung der Produktivität der Arbeit gestellt werden müssen. Schloßmann sagt darüber: „Der Arbeiter, der zum Frühstück statt eines halben Liter Bier einen halben Liter Milch trinkt, leistet in den nächsten 3—4 Stunden namhaft mehr, und selbst, wenn die Milch unentgeltlich abgegeben wird, wäre der Verdienst ebensosehr auf Seite des Arbeitgebers als des Arbeitnehmers“.

Dritter Teil. Der Milchpreis.

Von den Faktoren, die den Milchpreis bestimmen, wurde schon an andern Stellen mehrfach gesprochen. Hier gilt es vor allen Dingen, die Preisentwicklung darzustellen, und auf ihre Ursachen zurückzuführen. Dabei können wir allerdings nicht umhin, auf früher Gesagtes zurückzukommen.

Die Statistischen Monatsberichte der Stadt Mannheim bringen seit 1898, dem Jahre ihres ersten Erscheinens, Nachweisungen über den Durchschnittspreis von einem Liter Vollmilch. Seit 1913 ermittelt man an seiner Stelle den häufigsten Preis. Diese Änderung, die auch in andern Städten immer mehr eingeführt wird, ist im allgemeinen sehr zu begrüßen, denn der Durchschnittspreis entspricht nicht immer dem häufigst gezahlten Preis, und nur auf diesen kommt es an. In Mannheim, wo der Preis der Marktmilch von jeher ein ziemlich gleichmäßiger war, sind die Differenzen nicht groß. Daher können wir die Durchschnittspreise früherer Jahre, ohne einen großen Fehler zu begehen, zugleich als häufigste Preise ansehen. Durch Vermittlung des Statistischen Amtes konnten wir außerdem die Jahresdurchschnittspreise von 1890—1897 erfahren, so daß unsere folgende Tabelle (XV, Seite 91) eine Übersicht über die Entwicklung des Milchpreises in Mannheim während eines Zeitraumes von mehr als 20 Jahren gibt.

(Siehe Tabelle S. 91.)

Aus unserer Tabelle geht hervor, daß in dieser langen Zeit eine fortgesetzte, durch keinerlei Schwankungen nach untenhin unterbrochene Aufwärtsbewegung der Milchpreise stattgefunden hat, die erst im Jahre 1913 durch eine umgekehrte Erscheinung abgelöst wird. Der Preis ist von 1890—1912 von 18 auf 24 Pf., also um $33^1/_3$ %, gestiegen.

Vier verschiedene Preisperioden, denen sich 1913 die fünfte anschließt, sind zu konstatieren:

I.	1890—1895	Preis 18	Pf.
II.	1896 bis Okt. 1905 . .	„ 20	„
III.	Nov. 1905 bis Juli 1911	„ 22	„
IV.	August 1911—1912 . .	„ 24	„
V.	1913	„ 22	„

In den einzelnen Perioden sind die Preise konstant geblieben, während wir bei sehr viel anderen Waren beobachten können, daß

XV. Monatliche Durchschnittspreise für 1 Liter Vollmilch in Mannheim.

Jahr Pf.	Januar Pf.	Februar Pf.	März Pf.	April Pf.	Mai Pf.	Juni Pf.	Juli Pf.	August Pf.	September Pf.	Oktober Pf.	November Pf.	Dezember Pf.	Jahresmittel Pf.
1890—95	.	.	.	.	.	.	.	.	.	.	.	.	18
1896—97	.	.	.	.	.	.	.	.	.	.	.	.	20
1898	20	20	20	20	20	20	20	20	20	20	20	20	20
1899	20	20	20	20	20	20	20	20	20	20	20	20	20
1900	20	20	20	20	20	20	20	20	20	20	20	20	20
1901	20	20	20	20	20	20	20	20	20	20	20	20	20
1902	20	20	20	20	20	20	20	20	20	20	20	20	20
1903	20	20	20	20	20	20	20	20	20	20	20	20	20
1904	20	20	20	20	20	20	20	20	20	20	20	20	20
1905	20	20	20	20	20	20	20	20	20	20	22	22	20
1906	22	22	22	22	22	22	22	22	22	22	22	22	22
1907	22	22	22	22	22	22	22	22	22	22	22	22	22
1908	22	22	22	22	22	22	22	22	22	22	22	22	22
1909	22	22	22	22	22	22	22	22	22	22	22	22	22
1910	22	22	22	22	22	22	22	22	22	22	22	22	22
1911	22	22	22	22	22	22	22	24	24	24	24	24	23
1912	24	24	24	24	24	24	24	24	24	24	24	24	24
1913	22	22	22	22	22	22	22	22	22	22	22	22	22

Zeiten steigender Preise von solchen mit umgekehrter Tendenz in rascher Folge abgelöst werden. Sehr interessant fällt in dieser Hinsicht ein Vergleich der Entwicklung des Preises der Butter mit der des Milchpreises aus. Unsere graphische Darstellung (S. 93) zeigt deutlich, wie plötzlich bei der Milch die Preiserhöhungen einsetzen, und wie lange dann wieder der Beharrungszustand dauert; im Gegensatz dazu vollzieht sich die Auf- und Abwärtsbewegung der Butterpreise in kürzeren Zwischenräumen.

Haben wir die aus unserer Tabelle ersichtliche ununterbrochene

Erhöhung der Milchpreise als eine allgemeine Erscheinung aufzufassen, oder ist sie nur für Mannheim charakteristisch? Um darüber Aufschluß zu erhalten, vergleichen wir zunächst die Milchpreise Mannheims mit denen anderer Städte unseres engeren Vaterlandes Baden. Dies ist um so eher möglich, als die Statistischen Mitteilungen für das Großherzogtum Baden ebenfalls, seit 1897, fortlaufende Nachrichten über den Milchpreis in den größeren Städten des Landes veröffentlichen.

XVI. Preise von Butter und Milch für 1 kg bzw. 1 l in Mannheim von 1890 bis 1913 (Durchschnittspreise).

Jahr	Durchschnittspreise		Jahr	Indexziffern	
	Butter Mk.	Milch Mk.		Butter	Milch
1890	2,11	0,18	1890	100	100
1891	2,13	0,18	1891	101	100
1892	2,23	0,18	1892	106	100
1893	2,36	0,18	1893	112	100
1894	2,28	0,18	1894	108	100
1895	2,31	0,18	1895	105	100
1896	2,40	0,20	1896	114	111
1897	2,40	0,20	1897	114	111
1898	2,40	0,20	1898	114	111
1899	2,40	0,20	1899	114	111
1900	2,57	0,20	1900	122	111
1901	2,40	0,20	1901	114	111
1902	2,40	0,20	1902	114	111
1903	2,40	0,20	1903	114	111
1904	2,40	0,20	1904	114	111
1905	2,47	0,20	1905	117	111
1906	2,60	0,22	1906	123	122
1907	2,60	0,22	1907	123	122
1908	2,59	0,22	1908	123	122
1909	2,43	0,22	1909	115	122
1910	2,60	0,22	1910	123	122
1911	2,66	0,23	1911	126	128
1912	2,77	0,24	1912	131	133
1913	.	0,22	1913	.	122

In der beigegebenen Tabelle (XVII, S. 94) haben wir die Milchpreise dieser Städte für den Zeitraum von 1897 bis inklusive Oktober 1913 zusammengestellt. Aus unserer Übersicht ergibt sich zunächst, daß Mannheim immer einen sehr hohen Milchpreis hatte, daß jedoch dieser nicht als außergewöhnlich bezeichnet werden kann. Zwar gehört Mannheim bis 1912 zu den Städten, in denen die höchsten Preise bezahlt werden; doch von 1906, dem Jahre, in dem Mannheim als einzige Stadt den höchsten Preis von 22 Pf. aufwies, abgesehen, gibt es immer eine Anzahl

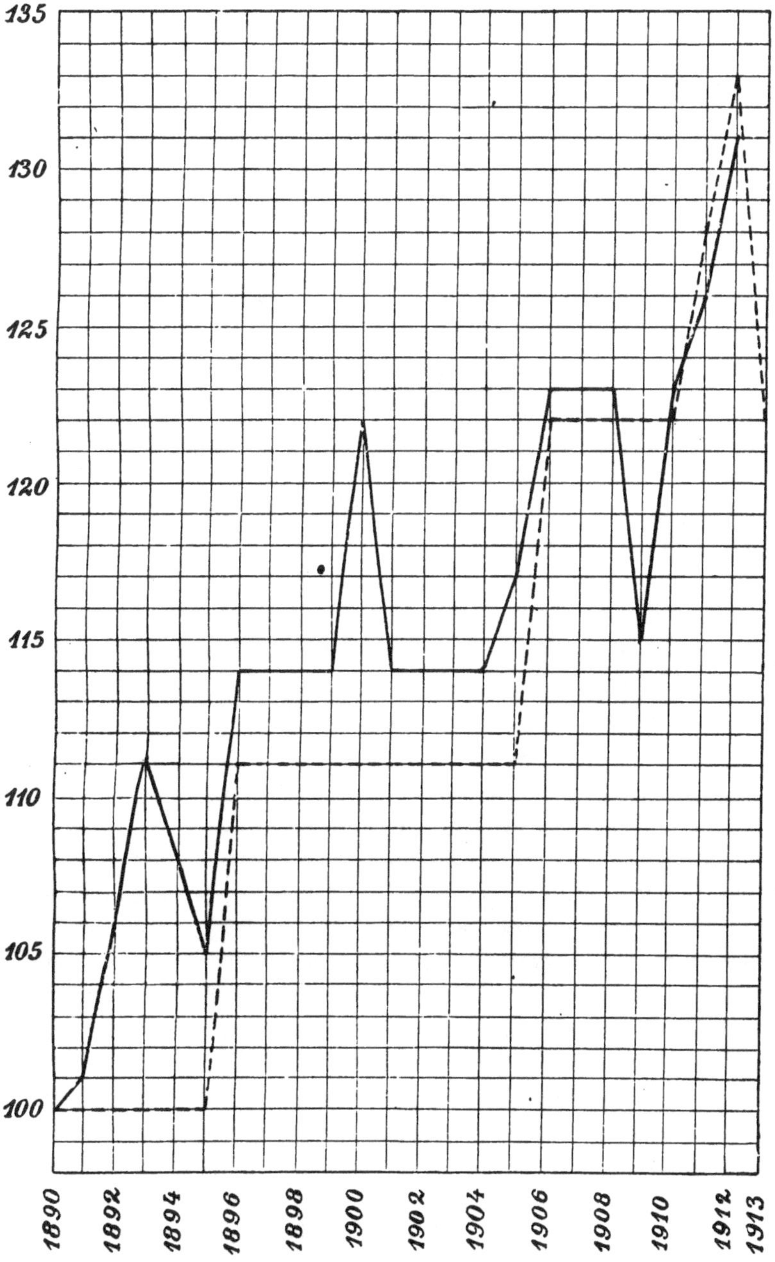
135
130
125
120
115
110
105
100
1890
1892
1894
1896
1898
1900
1902
1904
1906
1908
1910
1912
1913

XVII.

Jahresdurchschnittspreis für 1 Liter Vollmilch[1]

in	1897	1898	1899	1900	1901	1902	1903	1904	1905	1906	1907	1908	1909	1910	1911	1912	1913
Mannheim . .	20	20	20	20	20	20	20	20	20	22	22	22	22	22	23	24	22
Karlsruhe . . .	18	18	18	18	18	18	18	18	19	20	20	20	20	22	23	24	24
Freiburg . . .	18	18	18	18	18	18	18	18	19	20	20	22	22	22	22	22	24
Pforzheim . . .	20	20	20	20	20	20	20	20	20	20	20	20	20	21	23	24	24
Heidelberg. . .	20	20	18	19	18	19	20	20	20	21	22	22	22	23	23	24	24
Konstanz . . .	15	15	15	15	15	16	16	16	16	17	18	18	18	19	20	21	20
Baden	18	18	18	18	18	18	18	18	18	19	20	20	22	22	23	24	24
Offenburg . . .	18	18	18	19	22	22	22	22	22	19	19	20	20	22	23	24	24
Bruchsal . . .	20	18	18	18	18	18	18	18	19	20	20	20	20	20	22	22	22
Lahr	18	18	18	18	20	20	20	20	20	20	20	20	20	22	23	24	24
Rastatt	17	17	17	17	17	17	17	17	17	18	19	20	20	22	21	22	24
Lörrach	20	20	20	20	20	20	20	20	20	20	20	20	20	22	22	22	22
Durlach. . . .	17	16	17	18	17	17	17	17	18	20	20	20	20	22	23	24	24
Weinheim . . .	18	18	18	18	20	20	20	20	20	20	20	20	20	20	22	24	24
Villingen . . .	16	16	16	16	16	16	16	16	17	18	18	20	20	20	20	20	20
Ettlingen . . .	20	20	20	20	20	20	20	20	20	20	20	20	20	22	23	24	24
Im Landesdurchschnitt . . .	16,3	17	16,7	17	17	17	17	17	17,1	17,1	18	18	18	20	22,7	23	21

anderer Orte, in denen der Preis der gleiche ist. Wir greifen nur zwei Jahre heraus, 1897 und 1912. 1897 zahlen neben Mannheim Pforzheim, Heidelberg, Bruchsal, Lörrach und Ettlingen den höchsten Preis von 20 Pf. Im Jahre 1912 gesellt sich auch Karlsruhe, wo 1897 nur 18 Pf. verlangt wurden, in die Reihe der Städte, in denen der höchste Preis von 24 Pf. für 1 l Milch bezahlt wird. Mannheim, Pforzheim, Heidelberg, Lahr, Durlach, Weinheim, Ettlingen sind daneben zu nennen, also Städte von durchaus unterschiedlicher Größe. Wenn auch die anderen Städte diesen gegenüber niedrigere Preise aufweisen, so sind doch auch ihre Einwohner nicht verschont geblieben von einer Erhöhung des Milchpreises; im Landesdurchschnitt ist der Preis von 1897—1912 von 16,3 auf 23 Pf. gestiegen. *Die Preissteigerung ist also eine allgemeine gewesen.*

Die Statistischen Mitteilungen für das Großherzogtum Baden, Jahrgang 1910, bringen folgende interessante Zusammenstellung über den Durchschnittspreis aller badischen Erhebungsorte während der Jahre 1897—1909:

[1] Entnommen aus den Statistischen Mitteilungen für das Großherzogtum Baden. N. F. Band III, IV, V, VI.

Der Milchpreis im Durchschnitt 1897—1909 in den Erhebungsorten mit

..... Einwohnern beträgt	Pf.:
unter 2 000	15,8
2 000— 5 000	16,5
5 000—10 000	18,1
10 000—50 000	18,9
50 000 u. mehr	19,6

Aus dieser Übersicht ergibt sich nun scheinbar, daß der Milchpreis regelmäßig steigt mit der Größe der Orte. Die Statistischen Mitteilungen, wie auch Arnold und Trüdinger, ziehen diesen Schluß [1]. Die Berechnung, daß der Milchpreis von Gruppe zu Gruppe steigt, bestätigt sich jedoch, wenigstens für Baden, nicht, sofern nur die Städte mit über 8000 Einwohnern berücksichtigt werden. Ordnet man nämlich für den genannten Zeitraum die Städte nach ihrer Einwohnerzahl im Jahre 1910 und berechnet die Korrelation zwischen Ordnungsziffer und durchschnittlicher Höhe des Milchpreises, so ergibt sich ein Korrelationskoeffizient von +0,30 bei einem wahrscheinlichen Fehler des Koeffizienten von 0,15. Kann man schon diese Korrelation als bedeutungslos betrachten, so gilt dies erst recht für den Zeitraum 1910—13. Die entsprechende Rechnung (Städte in der Reihenfolge von 1910) führt auf r = 0,19 bei einem wahrscheinlichen Fehler von 0,16. Von einer direkten Beziehung im Sinne eines steigenden Milchpreises bei steigender Einwohnerzahl kann also keine Rede sein. (Herrn Prof. Dr. Schott, der die Rechnung durchgeführt und uns die Resultate für diese Arbeit zur Verfügung gestellt hat, sind wir zu besonderem Danke verpflichtet.)

Während das Steigen des Milchpreises, wie wir gesehen haben, eine ganz allgemeine Erscheinung in allen badischen Städten ist, tritt die Preisermäßigung im Jahre 1913 nur in Mannheim ein. Diese Tatsache ist um so interessanter, als diese Stadt dadurch nicht nur in unserer engeren Heimat eine Ausnahmestellung einnimmt, wie wir noch zeigen werden. Es ist uns nicht möglich, eine Übersicht über die Entwicklung der Preise in sämtlichen anderen deutschen Großstädten zu geben, da es aber immerhin interessant ist,

[1] Ph. Arnold: „Zur Frage der Milchversorgung der Städte" S. 599, und O. Trüdinger, „Die Milchversorgung in Württemberg" (Schriften des Vereins für Sozialpolitik Bd. 140 IV) S. 74.

wenigstens für ein Jahr die Preisgestaltung zu erfahren, so sei auf folgende Tabelle XVIII verwiesen, aus der die Groß- und Kleinhandelspreise für Milch in 22 deutschen Städten für das Jahr 1910 ersichtlich sind. Aus dieser Übersicht geht zunächst wieder hervor, daß die Größe einer Stadt im allgemeinen ohne Einfluß auf die Höhe des Preises ist. So kostete die Milch 22 Pf. in Berlin, Hamburg, Köln,

XVIII. Groß- und Kleinhandelspreise für 1 l Milch in 22 deutschen Städten im Jahre 1910 [1].

Städte, geordnet nach der Einwohnerzahl 1910	Großhandelspreise Pf.	Häufigste Kleinhandelspreise Pf.	Unterschied Pf.
Berlin	14 —16	22	6 —8
Hamburg	12,5 —16	22	6 —9,5
München	15 —17	20	3 —5
Dresden	13,5 —15	20	5 —6,5
Köln	15 —17	22	5 —7
Breslau	10,75—14	17	3 —6,25
Frankfurt a./M.	15,5 —17	22	5 —6,5
Düsseldorf	15 —15,5	22	6,5—7
Nürnberg	13 —17	20	3 —7
Hannover	13	18	5
Stuttgart	17 —18	22	4 —5
Dortmund	13 —15	20	5 —7
Kiel	12 —13,5	18	4,5—6
Mannheim	17 —18	22	4 —5
Halle a./S.	13 —14,5	20	5,5—7
Straßburg	15 —16	22	6 —7
Altona	14 —16	22	6 —8
Aachen	12 —15	20	5 —8
Karlsruhe	16 —17	22	5 —6
Plauen i./V	13 —18	22	4 —9
Mainz	16 —18	22	4 —6
Lübeck	10 —14	17	3 —7

Frankfurt, Düsseldorf, Stuttgart, Mannheim, Straßburg, Altona, Karlsruhe, Plauen und Mainz. Nur zehn Städte, darunter München, Dresden und Breslau, hatten einen niedrigeren Milchpreis. Das gleiche ergibt sich auch aus einer Rundfrage des Statistischen Amtes der Stadt Frankfurt über die Milchpreise in einer Reihe von Städten im September 1911; darnach betrug der Preis 24 Pf. in Berlin-Charlottenburg, Köln, Frankfurt, Düsseldorf, Stuttgart, Straßburg, Mann-

[1] Siehe Beiträge zur Statistik der Stadt Frankfurt, Heft 9.

heim, Karlsruhe, Plauen, Mainz. Gegenüber dem Jahre 1910 ist allenthalben eine Verteuerung des Milchpreises eingetreten, die, soweit wir dies verfolgen konnten, auch im Jahre 1912 angehalten hat. Auch 1913 scheint keine Änderung eingetreten zu sein. Eine Rundfrage bei einigen süddeutschen statistischen Ämtern sowie die den Münchener Statistischen Monatsberichten beigegebenen Mitteilungen über den Milchpreis in einer großen Anzahl von bayerischen und einigen außerbayerischen Städten lassen erkennen, daß in den größeren Städten Süddeutschlands der Preis der alte geblieben ist. So werden in Frankfurt, Stuttgart, Straßburg, Mainz, Karlsruhe[1] und Freiburg[1] immer noch 24 Pf. bezahlt. Auch in München ist bis jetzt keine Ermäßigung des Preises zu verzeichnen, er beträgt noch immer 22 Pf. wie 1911 und 1912. Allerdings in einer süddeutschen Stadt außer Mannheim, in dessen Nachbarstadt Ludwigshafen, ist Ende dieses Jahres ebenfalls eine Preisermäßigung erfolgt; dies wollen wir als auffallende Tatsache festhalten.

Nachdem wir gesehen haben, daß die Erhöhung des Milchpreises in den letzten Jahren eine allgemeine Erscheinung ist, die in kleinen und großen Städten, in Nord und Süd, gleichmäßig eingetreten ist, daß aber die Ermäßigung des Preises in Mannheim seit Januar 1913 ein bis jetzt einzig dastehendes Ereignis ist, müssen wir fragen, wie diese Tatsachen zu erklären sind.

Das Steigen der Milchpreise ist bis zu einem gewissen Grade natürlich bedingt durch die gestiegenen Produktionskosten. Deren Höhe im einzelnen festzustellen und ihren Einfluß zu analysieren, ist uns nicht möglich. Die Milchwirtschaft ist ein Teil der Landwirtschaft, und es ist daher kaum möglich, diesen Zweig zu isolieren und in bezug auf Produktionskosten oder Rentabilität einer gesonderten Betrachtung zu unterziehen. Soweit wir uns überzeugen konnten, stimmen die Berechnungen, die von verschiedenen Seiten gemacht wurden, wenig überein, so daß wir es unterlassen, konkrete Angaben über die Produktionskosten der Milch mitzuteilen. Es genügt zu wissen, daß Bodenpreise, Einkaufspreise des Viehs, Futtermittelpreise, Löhne im Laufe der Jahre gestiegen sind. Dazu kommt, daß die schlechte Futterernte und die Seuche im Jahre 1911 natürlich auch einen preissteigernden Einfluß ausübten.

[1] Seit Dezember 1913 allerdings ist in K. u. F. eine Ermäßigung auf 22 Pf. eingetreten.

Demgegenüber müßte, wenn man zu einem genauen Ergebnis über die Notwendigkeit der Erhöhung des Milchpreises kommen wollte, natürlich auch wieder in Rechnung gestellt werden, daß heute durch das Steigen der Schlachtviehpreise beim Verkauf der abgemolkenen Tiere ein höherer Erlös erzielt wird als früher, wodurch die Produktionskosten der Milch wieder etwas verringert werden müssen. Dazu kommt dann noch, daß in günstigen Jahren, wenn sehr viel brauchbares Grünfutter vorhanden ist, wenn die Seuche keine oder wenige Opfer fordert, die Milchproduktion steigt. Dadurch müssen nicht nur unbedingt die Produktionskosten für 1 l Milch sinken, sondern es müßte doch vor allem erwartet werden, daß durch ein starkes Angebot die Preise reduziert würden. Nun steht es aber fest, daß der Milchpreis in den letzten Jahren, wenn er einmal gestiegen war, im allgemeinen keine Ermäßigung erfahren hat, auch wenn man, wie im Jahre 1913, fast von einer Überproduktion sprechen konnte[1].

Daran sind nun — wir haben schon an anderer Stelle davon gesprochen — die Organisationen der Produzenten schuld. Innerhalb der einzelnen Verbände werden Preisverabredungen getroffen, also die Konkurrenz ausgeschaltet. Dadurch, daß diese Organisationen gewöhnlich stärker sind als ihre Gegner, wehren sie sich mit Erfolg gegen eine Herabsetzung des Preises. Ihre Haltung wird ihnen besonders dadurch erleichtert, daß sie die Milch in eigenen Molkereien verarbeiten und so das Angebot künstlich kleinhalten können. Diese Möglichkeit verdanken sie zum Teil dem deutschen Butterzoll, der die Einfuhr von fremder Butter erschwert und die Butterproduktion im Inland rentabler macht.

Neben den Produktionskosten kommen die Transportkosten nur im geringen Maße als Faktoren für die Preisbildung in Betracht, auf die Preiserhöhung haben sie keinen Einfluß. Wenn die Entfernungen, aus denen die Milch herbeigeholt wird, im Laufe der Jahre für einzelne Städte auch größere geworden sind, so kann doch die allgemeine Erhöhung der Preise nicht auf diesen Faktor zurückgeführt werden. Daß die Einwirkung der Transportkosten auf den Preis nicht nennenswert ist, geht auch daraus hervor, daß Orte, die, wie wir hier gesehen haben,

[1] Wie wir nachträglich einzelnen Berichten entnehmen, ist in den letzten Monaten dieses Jahres endlich auch der Einkaufspreis der Milch gesunken, daher dann auch die Herabsetzung der Kleinhandelspreise in einzelnen Städten, die aber überall viel später eintrat als in Mannheim.

den größten Teil ihrer Milch aus näheren Zonen beziehen als Mannheim (wir nennen nur Karlsruhe, Mainz), seit einer Reihe von Jahren keinen geringeren Milchpreis haben als diese Stadt. Eine allgemeine Erhöhung der Transportkosten, so daß dadurch überall eine Verteuerung des Versandes eingetreten wäre, ist in den letzten Jahren nicht zu verzeichnen; im Gegenteil, wo Tarifänderungen vorgenommen wurden, hatten diese meist den Zweck, eine Verbilligung und Erleichterung des Transportes herbeizuführen.

Schließlich ist noch von der Wirkung des Handels auf den Milchpreis zu sprechen. Auch er ist ein wichtiger Faktor der Preisbildung, seine Unkosten und Spesen müssen durch den Verkaufspreis der Milch gedeckt werden. Der Zwischenhandel nun ist allerdings gewöhnlich imstande, die Milch so billig einzukaufen, daß er sie trotz seiner Unkosten zum selben Preis an die Kleinhändler verkaufen kann, wie die Produzenten. Er muß dies auch schon deshalb tun, weil er sonst ausgeschaltet werden würde. Sein Einfluß auf die Preisbildung ist daher nicht sehr bedeutend; in noch geringerem Maße bewirkt er von sich aus die Preiserhöhung. Der Zwischenhändler kann ja immer nur den Preis verlangen, den auch die Produzenten fordern. Allerdings gelingt es diesen, eine Erhöhung des Preises durchzusetzen, so hat auch er einen Gewinn davon.

Um zu erfahren, in welchem Maße der Kleinhandel an der Preisbildung und Erhöhung beteiligt ist, muß man seine Einkaufs- und Verkaufspreise miteinander vergleichen. Leider war es uns nicht möglich, Angaben über die Entwicklung der Großhandelspreise in Mannheim zu erhalten. Daher müssen wir uns mit unserer Übersicht XVIII begnügen, aus der hervorgeht, daß im Jahre 1910 die Differenz zwischen Einkaufs- und Verkaufspreis in Mannheim 4—5 Pf. betragen hat, sie war geringer als in mancher andern Stadt. 1911 sind die Einkaufspreise, wie sich aus einer Rundfrage des Statistischen Amtes der Stadt Frankfurt ergibt, in Mannheim auf 17—19 Pf. gestiegen. Bei einem Verkaufspreis von 24 Pf. beträgt die Spannung also 5—7 Pf., d. h. der Kleinhandel hat den Preis nicht nur um die Mehrkosten erhöht, die er selbst durch den erhöhten Einkaufspreis zunächst zu tragen hatte, sondern etwas darüber hinaus. Wenn man bedenkt, daß die Lebenshaltung in der Stadt teurer geworden ist, daß Miete und Löhne gestiegen sind, so wird man verstehen, daß die Händler, die zum Teil hart um ihre bürgerliche Existenz ringen müssen, sich zu dieser Preiserhöhung entschließen mußten. Es ist in der heutigen Organisation des Kleinhandels mit ihren vielen Schattenseiten begründet, daß eine größere Differenz zwischen Großhandels- und Kleinhandelspreisen nötig ist, damit der Betrieb sich rentiert. Der Verdienst der Kleinhändler ist durch die Preiserhöhung kaum gestiegen. Zu diesem Schluß kommt auch Berg für Karlsruhe. Seine Worte scheinen uns um so beachtenswerter, als sie von einem Mann gesprochen werden, der durchaus auf seiten der Produzenten steht. Er schreibt[1]: „Es haben somit die Produzenten von den Milchpreiserhöhungen am meisten profitiert, während der ländliche Zwischenhandel dabei vielfach ausgeschaltet wurde, und der städtische Milchhändler nicht in der Lage war, seinen früheren Verdienst (Preisschwankung) aufrechtzuerhalten".

Wenn wir die Gründe, die zur Erhöhung der Milchpreise führten, zusammenfassend noch einmal nennen dürfen, so sei darauf hingewiesen, daß uns besonders zwei Ursachen vorhanden zu sein scheinen: einmal die Erhöhung der Produktions- und Vertriebskosten, zum andern aber vor allem die starken Organisationen der Produzenten, die dafür sorgen, daß der einmal erzielte Preis auch in Zeiten, die für die Milchproduktion günstig sind, auf der erreichten Höhe bleibt.

Nur in Mannheim ist dies nicht der Fall gewesen, 1913 ist der Mannheimer Milchpreis gesunken, während er sonst allenthalben gleichgeblieben ist. Allein in Ludwigshafen ist, wie wir schon erwähnten, seit November ebenfalls eine Ermäßigung des Milchpreises eingetreten. Für diesen Preisabschlag kann nur eine örtlich wirkende Ursache maßgebend sein. Die Produktionskosten sind nicht etwa im Mannheimer Gebiet gesunken, während sie an anderen, zum Teil viel günstiger gelegenen, Orten gleichgeblieben sind. Die Ermäßigung des Mannheimer Milchpreises ist nur einer organisatorischen Maßnahme zu verdanken, der Errichtung der Mannheimer Milchzentrale. Diese war aus Gründen, die wir schon besprochen haben, von vornherein imstande, sich mit einem niedrigeren Milchpreis zu begnügen, als die Händler es bis dahin taten, und weitere Preisermäßigungen folgen zu lassen. Wollten die Händler konkurrenz-

---

[1] Siehe Berg: S. 145. (Dieser Satz ist schon im Original gesperrt gedruckt.)

fähig bleiben, so mußten sie ebenfalls den Preis herabsetzen. Darauf ist es auch zurückzuführen, daß, seit die Milchzentrale ihren Geschäftsbetrieb auch auf Ludwigshafen ausgedehnt hat, dort ebenfalls die Preise gesunken sind.

Allerdings wird durch diese Preisermäßigung, soweit die Händler nicht beim Abschluß neuer Verträge ihre Lieferanten bestimmen konnten, den Preis ebenfalls herabzusetzen, der Verdienst des Kleinhandels wieder etwas geschmälert worden sein. Daraus darf man aber nicht folgern, daß man, um diesen lebensfähig zu erhalten, die Dinge hätte gehen lassen sollen, wie sie gingen. Nein, sobald sich eine Möglichkeit zeigt, den Milchpreis ermäßigen zu können, muß diese ergriffen werden im Interesse der Allgemeinheit. Wäre die Milchzentrale nicht ins Leben gerufen worden, so würde man in Mannheim heute noch denselben hohen Preis weiter bezahlen, wie anderswo. Das Mannheimer Beispiel zeigt also deutlich, durch welche Schritte es möglich ist, den Milchpreis auf mäßiger Höhe zu halten. 1912, das Jahr der Eröffnung des Betriebes der MMZ., wird einen Wendepunkt in der Geschichte des Mannheimer Milchpreises bedeuten.

Schlußbetrachtung.

Im Verlaufe unserer Arbeit haben wir versucht, ein Bild der Milchversorgung der Stadt Mannheim zu zeichnen. Wir haben dargelegt, auf welche Weise der Bedarf Mannheims gedeckt wird, und durch welche Organe die Verteilung in der Stadt erfolgt. Schließlich haben wir noch die Entwicklung des Milchpreises geschildert. Besonders interessant schien es uns, zu erörtern, ob der Kleinhandel heute noch geeignet ist, die Ansprüche, die Hygiene und Sozialpolitik an die Milchversorgung einer modernen Großstadt stellen, zu befriedigen. Wir sind dabei zur Erkenntnis gekommen, daß er dazu nicht fähig ist, und daß an seine Stelle ein neues Organ treten muß. Wir glauben, daß eine Konzentration nötig ist, deren beste Form die kommunale Milchversorgung darstellt, denn sie allein bürgt dafür, daß der Konsument eine hygienisch einwandfreie Milch zu billigem Preise erhält. Die Mannheimer Milchzentrale scheint uns in dieser Hinsicht ein nachahmenswertes Vorbild.

Licht und Schatten gerecht zu verteilen, haben wir uns stets bestrebt. Nicht eine vorgefaßte Meinung, sondern die sachliche Würdigung der Tatsachen bestimmte unser Urteil. Dessen möchten wir besonders die versichern, die unserer Ansicht nicht zustimmen können, weil sie die Dinge anders sehen. Ihrer werden es viele sein. Wenn es uns gelungen sein sollte, auch nur wenige, besonders Kommunalpolitiker, durch unsere Ausführungen davon zu überzeugen, daß unsere Forderung notwendig und mit Erfolg durchführbar ist, so war unsere Arbeit nicht umsonst.

Anhang.

Satzung der Mannheimer Milchzentrale A.-G. in Mannheim[1].

Allgemeines.

§ 1.

Firma und Sitz.

Die Aktiengesellschaft führt die Firma „Mannheimer Milchzentrale Aktiengesellschaft" und hat ihren Sitz in Mannheim.

§ 2.

Gegenstand des Unternehmens.

Gegenstand des Unternehmens ist die Übernahme, der Betrieb und die Erweiterung der bisherigen Milchzentrale, e. G. m. b. H., und aller Geschäfte, die mit dem Betrieb einer solchen Zentrale in Zusammenhang stehen.

§ 3.

Dauer.

Die Dauer der Gesellschaft ist unbestimmt.

§ 4.

Bekanntmachungen.

Die Bekanntmachungen der Gesellschaft sind ordnungsmäßig erfolgt, wenn sie unter der Firma der Gesellschaft im „Deutschen Reichsanzeiger" eingerückt sind. Sie können daneben auch in hiesigen Tageszeitungen erfolgen, ohne daß ihre Wirksamkeit dadurch bedingt wurde.

---

[1] Diese Satzung ist erst nach Abschluß unserer Arbeit erschienen und konnte daher nur als Anhang aufgenommen werden. Die Eintragung in das Handelsregister ist noch nicht erfolgt.

§ 5.

Grundkapital.

Das Grundkapital beträgt 30 000 Mk. und ist eingeteilt in 150, mit fortlaufenden Nummern versehene, auf den Namen lautende Aktien von je 200 Mk.

Die Übertragung der Aktien ist an die Zustimmung der Gesellschaft gebunden.

§ 6.

Erhöhung des Grundkapitals.

Bei einer Erhöhung des Grundkapitals können die Aktien zu einem höheren als dem Nennbetrag ausgegeben werden. Der Nennbetrag, sowie der Mindestbetrag, unter dem die Ausgabe der Aktie nicht erfolgen darf, werden von der Generalversammlung festgesetzt. Alle sonstigen Bestimmungen, soweit sie nicht ebenfalls von der Generalversammlung angeordnet sind oder ihrer Beschlußfassung vorbehalten werden, hat der Aufsichtsrat zu treffen.

§ 7.

Gewinnanteilscheine.

Jeder Aktie werden Gewinnanteilscheine, und zwar, soweit nicht bei Ausgabe der Aktien etwas anderes beschlossen ist, auf 10 Jahre und ein Erneuerungsschein beigegeben; nach deren Ablauf werden wieder neue Gewinnanteilscheine nebst einem Erneuerungsschein mit entsprechender Berechtigung gegen Auslieferung des Erneuerungsscheins an dessen Besitzer ausgegeben, sofern dieser mit dem im Aktienbuch eingetragenen Inhaber übereinstimmt.

Die Form und den Inhalt der Aktien, der Gewinnanteilscheine und der Erneuerungsscheine setzt der Aufsichtsrat fest.

Verfassung und Geschäftsführung der Gesellschaft.

A. Vorstand.

§ 8.

Vorstand.

Der Vorstand besteht aus drei Mitgliedern. Zwei derselben werden vom Stadtrat der Hauptstadt Mannheim, das dritte Mitglied und, sofern der Stadtrat von seinem Bestellungsrecht nicht innerhalb eines Monats Gebrauch macht, auch die übrigen Mitglieder vom Aufsichtsrat bestellt. Die Amtsdauer der Vorstandsmitglieder beträgt drei Jahre.

§ 9.

Über geschäftliche Maßregeln beschließen die Vorstandsmitglieder nach Stimmenmehrheit; bei Stimmengleichheit entscheidet der Vorsitzende des Aufsichtsrats.

Der Vorstand ernennt aus seiner Mitte einen Geschäftsführer und bestellt die etwa weiter erforderlichen Beamten und Bediensteten. Die Besoldung des Geschäftsführers und der Beamten wird vom Aufsichtsrat festgesetzt.

§ 10.

Vertretung des Vorstands.

Willenserklärungen sind für die Gesellschaft rechtsverbindlich, wenn sie durch zwei Vorstandsmitglieder abgegeben werden. Ist eine Willenserklärung der Gesellschaft gegenüber abzugeben, so genügt die Abgabe gegenüber einem Mitglied des Vorstands.

§ 11.

Verhältnis des Vorstands zum Aufsichtsrat.

Der Vorstand hat bei allen wichtigeren Angelegenheiten der Geschäftsführung die Einwilligung des Aufsichtsrats einzuholen.

Der Aufsichtsrat ist berechtigt, die Tätigkeitskreise mehrerer Vorstandsmitglieder abzugrenzen, auch eine schriftliche Geschäftsanweisung für den Vorstand zu erlassen, die dieser zu befolgen verpflichtet ist.

Die Vergütung des Vorstands bestimmt der Aufsichtsrat.

B. Aufsichtsrat.

§ 12.

Aufsichtsrat, Zahl.

Der Aufsichtsrat besteht aus mindestens fünf von der Generalversammlung zu wählenden Personen.

Nach Beendigung des Amtes des ersten Aufsichtsrats wird jeder folgende bis zur Beendigung derjenigen Generalversammlung gewählt, welche über die Bilanz für das vierte Geschäftsjahr nach der Ernennung beschließt. Das Geschäftsjahr, in dem die Ernennung erfolgt, wird hierbei nicht mitgerechnet.

Die Ausscheidenden sind wieder wählbar. Scheidet ein Mitglied vor Ablauf seiner Amtsdauer aus, so ist eine Ersatzwahl erst in der nächsten ordentlichen Generalversammlung erforderlich, sofern noch mindestens fünf Mitglieder im Amte bleiben. Bei Ersatzwahlen für Mitglieder, die vor Ablauf ihrer Amtsdauer ausscheiden, erfolgt die Wahl für den Rest der Amtsdauer des ausgeschiedenen Mitgliedes.

§ 13.

Vorsitzender.

Der Aufsichtsrat wählt mit einfacher Stimmenmehrheit aus seiner Mitte einen Vorsitzenden sowie einen stellvertretenden Vorsitzenden. Die Wahl erfolgt jeweils unmittelbar nach der ordentlichen Generalversammlung, die den Aufsichtsrat wählt. Wahlberechtigt sind die am Schluß dieser Generalversammlung anwesenden Mitglieder des Aufsichtsrats. Der Einberufung einer besonderen Sitzung bedarf es nicht. Bei Erledigung eines dieser Ämter vor Ablauf der Amtsdauer ist unverzüglich zu einer Neuwahl zu schreiten.

Sind beide Vorsitzende an der Ausübung ihrer Obliegenheiten verhindert, so hat das den Lebensjahren nach älteste Mitglied des Aufsichtsrats diese Obliegenheiten für die Dauer der Behinderung zu übernehmen.

§ 14.

Berufung, Beschlußfähigkeit.

Der Aufsichtsrat wird vom Vorsitzenden so oft berufen, als eine geschäftliche Veranlassung dazu vorliegt. Er muß innerhalb einer Woche berufen werden, wenn wenigstens zwei Mitglieder oder der Vorstand es schriftlich bei dem Vorsitzenden beantragen. Bei der Berufung ist die Tagesordnung, der Ort und die Zeit der Versammlung mitzuteilen. Über einen Gegenstand, der bei der Berufung nicht angegeben war, kann der Aufsichtsrat gültig beschließen, wenn der Beschluß mit einer Mehrheit von mindestens zwei Drittel seiner jeweiligen Mitglieder genehmigt wird.

Über die Sitzungen des Aufsichtsrats werden Protokolle geführt, die von dem den Vorsitz führenden Mitglied zu unterzeichnen sind.

Der Aufsichtsrat ist beschlußfähig, wenn wenigstens drei Mitglieder anwesend sind. In dringenden Fällen können Beschlüsse auch durch schriftliche Abstimmung gefaßt werden. Jedem Mitglied des Aufsichtsrats ist auf sein Verlangen eine Abschrift des Protokolls zuzusenden.

Die Beschlüsse werden mit Stimmenmehrheit gefaßt. Bei Stimmengleichheit gibt der Vorsitzende den Ausschlag.

§ 15.

Befugnisse.

Der Aufsichtsrat hat die Geschäftsführung der Gesellschaft in allen Zweigen der Verwaltung zu überwachen und sich zu diesem Zweck vom Gange der Angelegenheiten der Gesellschaft zu unterrichten. Er kann jederzeit über diese Angelegenheiten Berichterstattung vom Vorstand verlangen und selbst oder durch einzelne von ihm zu bestimmende Mitglieder die Bücher und Schriften der Gesellschaft einsehen sowie den Bestand der Gesellschaftskasse und die Bestände an Waren und Wertpapieren untersuchen. Er hat die Jahresrechnungen und Bilanzen sowie die Vorschläge zur Gewinnverteilung zu prüfen und darüber der Generalversammlung Bericht zu erstatten.

Er hat eine Generalversammlung zu berufen, wenn dies im Interesse der Gesellschaft erforderlich ist.

§ 16.

Der Aufsichtsrat hat weiter folgende Obliegenheiten:

1. Beschluß zu fassen über den Erwerb, die Veräußerung sowie die Belastung von Grundstücken, über die Aufnahme von Darlehen und Ausgabe von Schuldverschreibungen;
2. Beschluß zu fassen über den Erwerb, die Veräußerung sowie die Verpfändung und Löschung von Hypotheken und Grundschulden;

3. Beschluß zu fassen über die Einforderung des jeweiligen Restbetrages der nicht voll eingezahlten Aktien;
4. die Genehmigung der vom Vorstande vorzuschlagenden Neubauten und wesentlichen Umbauten.

Über etwaige weitere Obliegenheiten des Aufsichtsrats kann die Generalversammlung Grundsätze aufstellen.

§ 17.

Übertragbarkeit des Amtes, Austritt.

Die Mitglieder des Aufsichtsrats können die Ausübung ihrer Obliegenheiten nicht anderen Personen übertragen; sie sind aber berechtigt, auch ohne wichtigen Grund ihr Amt niederzulegen.

§ 18.

Vergütung.

Die Mitglieder des Aufsichtsrats erhalten Ersatz der ihnen bei Erfüllung ihres Amtes erwachsenen Auslagen. Die Generalversammlung kann ihnen eine angemessene Vergütung für Zeitversäumnis gewähren, die durch die Teilnahme an den Sitzungen entsteht. Im übrigen üben sie ihr Amt als Ehrenamt aus.

C. Generalversammlung.

§ 19.

Stimmrecht.

In den Generalversammlungen wird das Stimmrecht nach den Nennbeträgen der Aktien ausgeübt.

Stimmberechtigt in der Generalversammlung ist jeder Aktionär, der im Aktienbuch der Gesellschaft eingetragen ist und sich zur Teilnahme an der Generalversammlung spätestens am dritten Tag vorher angemeldet hat.

§ 20.

Berufung.

Zu den Generalversammlungen beruft der Vorstand oder der Aufsichtsrat die Aktionäre durch einmalige Bekanntmachung im Deutschen Reichsanzeiger und durch besondere Einladung. Die Bekanntmachung und Einladung müssen spätestens 17 Tage vor dem Tage der Generalversammlung ohne Rücksicht auf Feiertage erlassen werden.

Der Zweck der Generalversammlung muß bei der Berufung bekanntgemacht werden. Wird der Generalversammlung ein Antrag auf Abänderung der Satzung unterbreitet, so muß die beabsichtigte Änderung nach ihrem wesentlichen Inhalt in der Bekanntmachung und in der Einladung erkennbar gemacht werden. Im übrigen gelten die Bestimmungen des § 256 H.G.B.

Mängel der Form und Frist der Berufung sind geheilt, sofern sämtliche Aktien in der Generalversammlung vertreten sind und die Mängel nicht von einem anwesenden Aktionär durch Erklärung zu notariellem Protokoll gerügt werden.

§ 21.

Ordentliche Generalversammlung.

In den ersten sechs Monaten jedes Geschäftsjahres findet die ordentliche Generalversammlung statt. In dieser erfolgt:

1. die Erstattung des Berichts des Vorstands und des Aufsichtsrats über die Verhältnisse der Gesellschaft und über die Ergebnisse des verflossenen Geschäftsjahres nebst dem Bericht des Aufsichtsrats über die Prüfung des Geschäftsberichts und der Jahresrechnung,
2. Genehmigung der Bilanz und der Gewinn- und Verlustrechnung für das verflossene Geschäftsjahr,
3. Entlastung der Mitglieder des Vorstands und des Aufsichtsrats,
4. Beschlußfassung über die Gewinnverteilung,
5. soweit erforderlich, Wahl von Aufsichtsratsmitgliedern,
6. Beschlußfassung über etwaige sonstige rechtzeitig angekündigte Verhandlungsgegenstände.

§ 22.

Vorsitz.

Den Vorsitz in der Generalversammlung führt der Vorsitzende des Aufsichtsrats oder dessen Stellvertreter, bei Verhinderung beider ein durch die anwesenden Aufsichtsratsmitglieder zu bezeichnendes sonstiges Mitglied des Aufsichtsrats. Wird kein solches bezeichnet, so leitet ein Vorstandsmitglied die Versammlung. Ist ein solches nicht anwesend, so wählt die Versammlung den Vorsitzenden.

Über die Gegenstände der Tagesordnung ist in der Reihenfolge der Bekanntmachung zu verhandeln. Die Art und Weise der Abstimmung bestimmt der Vorsitzende, sofern die Generalversammlung nicht nach beiden Richtungen hin Abweichungen beschließt.

Die Wahlen finden jedoch, sofern sich nicht alle stimmberechtigten Anwesenden mit einem anderen Vorschlag einverstanden erklären, mittels Abgabe von geheimen Stimmzetteln ebenfalls nach einfacher Stimmenmehrheit statt. Ist diese bei der ersten Wahlhandlung nicht zu erreichen, so findet eine engere Wahl unter denjenigen statt, welchen die beiden höchsten Stimmzahlen zugefallen sind. Bei gleicher Stimmenzahl in der engeren Wahl entscheidet das Los.

§ 23.

Abstimmung.

Die Beschlüsse der Generalversammlung werden, sofern das Gesetz oder diese Satzung nichts anderes zwingend vorschreibt, mit einfacher Mehrheit der bei der Abstimmung abgegebenen Stimmen gefaßt. Bei Stimmengleichheit gilt der Antrag als abgelehnt.

§ 24.

Abänderung der Satzung.

Änderungen des Gesellschaftsvertrags können von der Generalversammlung nur mit einer Mehrheit beschlossen werden, die mindestens drei Vierteile des bei der Beschlußfassung vertretenen Grundkapitals umfaßt.

§ 25.

Geschäftsjahr.

Das Geschäftsjahr fällt mit dem Kalenderjahr zusammen. Das erste Geschäftsjahr läuft vom Tage der Eintragung der Gesellschaft in das Handelsregister bis zum Ende des betreffenden Kalenderjahres.

Feststellung und Verwendung des Reingewinns.

§ 26.

Bilanz, Gewinn- und Verlustrechnung, Geschäftsbericht.

Der Vorstand hat in den ersten fünf Monaten des Geschäftsjahres über das verflossene Geschäftsjahr die Bilanz, die Gewinn- und Verlustrechnung aufzustellen sowie diese und einen, den Vermögensstand und die Verhältnisse der Gesellschaft entwickelnden Bericht dem Aufsichtsrat einzureichen, welcher die Vorlagen zu prüfen und vorbehaltlich der Genehmigung der Generalversammlung festzustellen hat.

§ 27.

Gewinnverteilung.

Der nach der Jahresbilanz sich ergebende Reingewinn wird folgendermaßen verteilt:

1. 10% sind dem gesetzlichen Reservefonds solange zuzuführen, als dieser den fünften Teil des Grundkapitals nicht übersteigt.
2. Alsdann erhalten die Aktionäre eine Verzinsung bis zu 4% auf das eingezahlte Grundkapital.
3. Der alsdann verbleibende Überschuß wird einem besonderen Reservefonds überwiesen.

§ 28.

Übernahme der Aktien.

Das Grundkapital ist in folgender Weise aufgebracht worden:

Es haben übernommen:

1.	die Stadt Mannheim	135 Aktien
2.	der Frauenverein Mannheim	5 „
3.	der Konsumverein Mannheim E. G. m. b. H.	5 „
4.	der Kreis Mannheim	3 „
5.	der Mannheimer Beamtenverein E. V. . .	2 „
		150 Aktien.

§ 29.

Bildung des ersten Aufsichtsrats.

Unmittelbar nach Errichtung der Aktiengesellschaft findet an dem Ort, an dem diese stattgefunden hat, die erste Generalversammlung statt, ohne daß es einer Einladung oder Bekanntmachung der Tagesordnung bedarf.

Diese Generalversammlung bestimmt die Zahl der Aufsichtsratsmitglieder und wählt sie.

Im Anschluß an diese Generalversammlung haben die anwesenden Aufsichtsratsmitglieder ohne Rücksicht auf ihre Zahl den Vorsitzenden des Aufsichtsrats und dessen Stellvertreter zu wählen und das dritte Mitglied des Vorstands der Gesellschaft zu bestimmen.

§ 30.

Verwendung des Vermögens bei Auflösung und dergl.

Bei Auslosungen, Ausscheiden eines Gesellschafters und für den Fall der Auflösung der Gesellschaft wird den Aktionären nicht mehr als der Nennwert ihrer Anteile zugeteilt. Bei der Auflösung wird der etwaige Rest des Gesellschaftsvermögens der Stadtgemeinde Mannheim zur Verwendung für gemeinnützige Zwecke übergeben.

Der gemeinnützige öffentliche Milchausschank in Rheinland und Westfalen.

Von

Professor Dr. **Kamp**,
Bonn.

Inhaltsverzeichnis.

Vorwort.

Der Ausschank der Milch, insoweit er öffentlich vor sich geht und dem Ursprung nach gemeinnützig ist, hat noch kein hohes Alter. Mit diesen zwei Eigenschaften ausgestattet, ist er heute erst zehnjährig, aber an Ausdehnung und sozialer Bedeutung groß genug geworden, um innerhalb der „Milchbewegung", die ja auch immer bedeutsamer wird, besprochen zu werden.

Die Besprechung gestaltet sich um so lohnender, weil diese Wohlfahrtseinrichtung wohl eine der am leichtesten zu schaffenden gemeinnützigen Veranstaltungen ist. Aus Hinweis und Ratschlag können Tat und Verwirklichung unschwer hervorgehen. Man hat den Ausschank, der geringen technischen Schwierigkeiten wegen, das „Ei des Kolumbus" genannt. Tausende seiner eifrigsten Besucher, die Stammgäste des öffentlichen Ausschanks wie auch die dort nur gelegentlich vorsprechenden Leute, haben ihrem Erstaunen Ausdruck gegeben, daß eine derartige, eigentlich selbstverständliche Einrichtung nicht schon längst ins Leben gerufen worden sei und erst in unsern Tagen vortrete.

Das ist ein gutes Zeichen für diese neue Darbietung der Milch: in guter Beschaffenheit, wohlfeil und an jedermann. Sie gibt uns Veranlassung, die Kunde von dem Ausschank überallhin zu verbreiten, wo der Bedarf nach ihm erkennbar, er selbst aber noch nicht vorhanden ist. Der öffentliche gemeinnützige Milchausschank ist mir vertraut, weil er, aus der Mitarbeit anderer Männer, unter meinen Händen sich so lebenskräftig gestaltete, daß er dann, von den geschaffenen leitenden Stellen aus, sich auch ohne mein direktes persönliches Zutun weiter entwickeln konnte und heute unter den deutschen Wohlfahrtseinrichtungen als „nicht mehr ausschaltbar" gilt. — Dabei ist seine Ausgestaltung weder technisch noch nach der öffentlichen und der gemeinnützigen Seite hin ganz abgeschlossen und von der Erstarrung bedroht. Sie bleibt hiervor auch durch den Umstand bewahrt, daß, neben den „Milchausschank-Gesellschaften", der Milchverkauf von andern Interessenten aufgegriffen wird und ihren kleinen Neuerungen ein Versuchsfeld bietet.

Heute in vielen Teilen Deutschlands planmäßig verbreitet, ist der gemeinnützige öffentliche Milchausschank in Rheinland und Westfalen entstanden und groß geworden. Es besteht deshalb wohl Anlaß, sein Werden und Gedeihen besonders in diesem Gebiet zur Darstellung zu bringen.

Hierbei wurde von mir vielfach auf eigene Berichte und Schilderungen, auf Auszüge aus Drucksachen und Schriften und eine Zeitschrift zurückgegriffen, die in der zehnjährigen Entwicklung des öffentlichen Ausschanks ihn auf dem Werdegang begleiteten. Solche Äußerungen haben vor einer rückschauenden Herzählung des Verlaufs den Vorzug, daß sie ursprünglicher und frischer sind und, in planmäßiger Folge, die Leser teilnehmen lassen an den Mühen um den damals im Beginn keineswegs leicht zu erwirkenden Milchausschank.

Er hat sich in Friedenszeiten als hilfreich erprobt und ist jetzt in den Kriegszeiten, für die nun viel schwieriger sich gestaltende Volksernährung, besonders zeitgemäß und schaffenswert geworden.

Bonn im August 1914.

Der Verfasser.

Die Entstehung des gemeinnützigen Milch-ausschanks.

Die Milch war jahrelang, man könnte sagen, gewohnheitsmäßig, ein weiß blinkendes, aber viel Schmutz bergendes Kuhstallprodukt, dem Schlendrian im Kochtopf und der Speisekammer verfallen[1]. Hier hat sie ein stilles, unbeachtetes, fast zweckloses Dasein geführt. Zwar galt sie für die Neugeborenen, die eine zu jener Zeit um sich greifende Mode von der Mutterbrust immer mehr ausschloß, um sie der Amme oder dem Milchfläschchen zu überlassen, als unentbehrlich oder nicht ganz zu vermeiden. Auch in den größeren Kochbüchern konnte den Milchspeisen und Milchgetränken ein Abschnitt nicht gut vorenthalten werden. Doch litten diese „Rezepte" unter der allgemeinen Geringschätzung unseres doch schon damals besten und billigsten Nahrungsmittels.

Milch und Milchgenuß waren nun einmal in den Augen der mannbaren deutschen Stadtbewohner — und die Anschauung ging hier tief nach unten in die Jünglingsjahre hinein — unmännlich und weibisch, kindlich und kindisch. So etwas wurde gemieden. An Millionen unserer Landsleute trat, nach der Kindheit, die Milch überhaupt nicht mehr heran. Die Mißachtung des Milchgenusses ringsum hatte unendlich viele zu der felsenfesten Überzeugung gebracht, daß sie der Milch nicht nur aus dem Wege zu gehen hätten, sondern daß sie sie auch beim besten Willen nicht vertragen könnten. Sie hatten einen Ekel vor ihr.

Auf dieser scheinbar ewig glatten Fläche der Milch und Milchverdrossenheit begann es mit dem Anfang des zwanzigsten Jahrhunderts etwas zu kräuseln. Ein Stein war in das Tote Meer gefallen und hatte, wie es in dem wohlbekannten Vergleiche heißt, Ringe entstehen lassen. Die konnten sich jedoch leicht verflüchtigen, und dann herrschte nach wie vor die alte klägliche Milchverdrossenheit mit den

[1] Vgl. Adolf Möhlau, erster Vorsitzender der Gemeinnützigen Gesellschaft für Milchausschank in Rheinland und Westfalen. Ein Lebensbild von Prof. Kamp, Bonn 1913.

„kohlensauern“ Jungfrauen in den Selterswasserbuden und mit dem „Du, Milchbart!“ als einem Schimpfwort für einen Flaumbart, einen jungenhaften läppischen Menschen.

Den Steinwurf verdanken wir dem Direktor der „Kölner Meierei vereinigter Landwirte“, Herrn Remmler: Er hat in Köln um das Jahr 1900 die ersten „städtischen Milchschankstellen“ errichtet. Das war etwas ganz anderes als die in deutschen Seebädern schon damals vereinzelt sichtbaren Ausschankstellen für ein in reservierter Promenade sich ergehendes distinguiertes Publikum. So exklusiv waren die Remmlerschen Milchausschankstellen nicht gelegen, vielmehr mit Absicht in den Verkehr und reges Getriebe gestellt. Wenn sie trotzdem nicht das Vorbild für die jetzt so zahlreichen deutschen Milchschankstellen geworden sind, so lag das bei ihnen an der unzulänglichen Ausführung einer an sich vortrefflichen Idee:

Die Remmlerschen Häuschen schlossen meist ihren Ausschank in der kalten Jahreszeit, wo er doch mit der dann warm zu reichenden Milch erst recht nötig war; und sie hatten den sogenannten „Außen-Ausschank“, d. h. die Milchdurstigen wurden vor den Häuschen stehend durch ein Schiebfenster nach der Straße hin bedient. Eine Art „Tränkbrunnen mit Milch“ statt „mit Wasser“; ein Ausschank, der um eines Vorteils willen, des bequemeren Betriebs wegen, auf alle die Vorzüge verzichtete, die der geschlossene Trink- und Gastraum, das „Milchhäuschen“ unserer Tage, in der Möglichkeit zum Rasten und Ausruhen, in der Stärkung und dem Behagen jetzt seiner ständigen Kundschaft wie auch dem zufällig vorbeikommenden Wanderer bietet.

So ist nicht Köln, als der Sitz jener Meierei, sondern eine andere rheinische Stadt der Ursprungsort des öffentlichen und gemeinnützigen Milchausschanks geworden.

Nach Düsseldorf, der Nebenbuhlerin im Handel und der Industrie, wandten sich vor einem Jahrzehnt gern die Blicke. Mit ihrer Gewerbeausstellung von 1902 hatte diese Stadt einen glänzenden, im Inlande und Auslande anerkannten Erfolg errungen. Die Nachwirkung war ein örtliches, mutbeflügeltes Weiterstreben, eine Empfänglichkeit für neue Dinge, auch wenn sie in das Altgewohnte nicht passen wollten. – Dorthin hatte die Ausstellung mich zu gelegentlichen Besuchen geführt.

In Bonn, im Ruhestand aus einer in Frankfurt a. M. verbrachten Schullehrerlaufbahn lebend, für soziale Aufgaben begeistert und aus andern Bestrebungen auch zu praktischen Lösungen vorgeschult, trug ich — obwohl berufsmäßig in keiner Weise ein „Milchmann“ — den Kölner Milchausschank im Kopfe mit mir herum.

Seine Entwicklungsfähigkeit: die gesundheitlich und volkswirtschaftlich so mächtige Bedeutung des öffentlichen Verkaufs unseres gesundesten und billigsten Nahrungsmittels an besonderen Ausschankstellen, die nur Milch und nichts anderes als sie feilhalten durften, diese Milch aber in augenfälliger anlockender Weise darzubieten hatten, alles das mußte in seiner Wichtigkeit eigentlich jedem in die Augen springen, der zu sehen verstand!

Allerdings durfte man sich nicht dadurch beirren und entmutigen lassen, daß die Kölner Ausschankstellen zwar viel betrachtet und bewitzelt, aber nur vereinzelt gut besucht wurden. Die Beobachter mußten sich sagen, daß der Zuspruch ganz anders werden würde, sobald dieser Erstlingsausschank sich ändere, Zutaten erhalte: zum Sommerbetrieb auch den Winterausschank, und für die Gäste, statt des Draußenstehens, den Aufenthalt in einem hübschen behaglichen Raum im Innern der Milchhäuschen.

Man mußte, mit ein wenig Einbildungskraft begabt, sich diesen mangelhaften Erstlingsbetrieb so vor sein Geistesauge stellen, wie er anders hätte sein können, anders hätte sein müssen. Jener Kölner Ausschank war nicht zeugungsfähig. Er konnte nicht die Nachkommenschaft ins Leben rufen, die heute so vielfach in Deutschland, einzeln oder zahlreich, in den Bevölkerungsmittelpunkten sich angesiedelt hat. Auf solche noch zu bauenden Milchhäuschen mußte der Blick erst gelenkt werden; sie mußten als Vorschlag vortreten und dann aus der Praxis sich die vielen Freunde gewinnen. — Vor zehn Jahren, im März 1904, erschien mein Aufruf Öffentliche Verkaufsstellen zum Ausschank der Milch in Städten und Orten mit lebhaftem Straßenverkehr:

„Für die Milch, ihre gute, einwandfreie Beschaffenheit und ihre gesundheitliche, volkswirtschaftliche Bedeutung, herrscht heute sowohl bei den Männern der Wissenschaft wie bei den Freunden der Wohlfahrtspflege, bei Staats- und städtischen Behörden offenkundig reges Interesse.

Eine weitere Aufgabe ist es, dieses Interesse auch in jene Volksschichten zu tragen, welche für den stärkeren Milchkonsum neu gewonnen werden sollen; ihn bei der Arbeiterbevölkerung, in ihren Familien wieder willkommen und heimisch, ja unentbehrlich zu machen. Hierzu erscheint keine Einrichtung besser geeignet und wirksamer als die öffentlichen Milchschankstellen, welche jedem Kauflustigen Milch zu mäßigem Preise und in bequemster Darbietung ausschänken.

Milchschankstellen, kurzweg auch Milchstellen oder „Milchhäuschen" genannt, sind in ihrem Äußern und der Art ihres Betriebes den bekannten Selterswasserbuden ähnlich. Sie haben vor allen andern, auch den Milchkonsum fördernden Veranstaltungen den einen Vorzug, daß sie auf ihre Gäste keinerlei Zwang ausüben. Dem freien Willen, der Lust des Augenblicks und Neugier oder schon längerer Gewöhnung folgend, treten die Durstigen an diese Schankstellen heran. Und das ihnen hier verabreichte Glas Milch, für manche oft das erste in den vielen Jahren eines regelmäßigen, steigenden Bier- und Branntweingenusses, ist nicht selten der Anfang, erster Versuch und Einleitung zu einem ebenso regelmäßigen Milchgenuß.

Von den Neugierigen vorsichtig und scheu, fast zaghaft gekostet, mundet ihnen der Trank trotzdem. Ja, die Milch schmeckt hier, in ihrer guten Beschaffenheit, auch ihnen so gut, sie kühlt im Sommer und wärmt im Winter so sehr, daß die Trinkenden sie lieb gewinnen und dann nicht mehr von ihr lassen wollen.

Dadurch wird aber viel mehr erreicht, das Ergebnis ist dann weit größer als die bloße Gewinnung einer ständigen Kundschaft für die öffentlichen Milchschankstellen. Dadurch wird dem Milchgenuß auch in die Häuser der Schankgäste, in ihre Haushaltungen und Familien hinein der Weg wieder erschlossen. Hier ist dann die Milch nicht mehr das „notwendige Übel", welches man in vielen Fällen, aber auch nicht immer, den Säuglingen und kleinen Kindern gewohnheitshalber gibt; das man sich selber vielleicht in den Kaffee gießt und in der Küche bei gewissen Speisen nicht gut entbehren kann.

Jetzt wird der Stehtrank von draußen, nach dem man zuerst nur zufällig, aus plötzlichem Antrieb gegriffen hatte, drinnen, d. h. im eigenen Heim, zum Haustrank. Ihn lassen jetzt die Eltern vorab ihren Kindern reichlicher zukommen und sie selbst wählen ihn auch öfter statt des sonst alltäglichen Biers und Branntweins. Sogar in der Küche gelangt die Milch in neuen Speisen und Getränken zu häufigerem Gebrauch; sie kommt als Volksnahrungsmittel wieder zur Geltung! —

Milchschankstellen oder Milchhäuschen hat in Köln die „Kölner Meierei vereinigter Landwirte" errichtet und sie — mit einer von Düsseldorf bezogenen maschinellen Einrichtung versehen — jüngst dem Verkehr übergeben. In den besseren Jahreszeiten mit ihrem lebhafteren Straßenverkehr und dem längeren Stehenbleiben vor den Schankstellen, waren ihrer an den Ringstraßen sieben geöffnet und gut besucht. Sie sind auch in ihrem ersten Winter 1903/04 nicht alle geschlossen gewesen.

Immerhin ist die Kölner Einrichtung noch nicht die vollendetste, endgültige Ausgestaltung einer überaus glücklichen Idee. Sie ist hochverdienstlich, weil sie in ihrer Art eine der ersten oder die erste praktische Ausführung in Deutschland darstellt. Aber sie bleibt änderungsfähig und muß selbstredend, nach andern Orten übertragen, hier, in der Wahl der Standplätze und in den auszuschänkenden Milcharten, die lokalen Verhältnisse aufs sorgfältigste berücksichtigen.

Unter allen Umständen wird dieser, an sich freieste Ausschank der Milch dem Milchkonsum die größte geschlossene Zahl neuer Freunde zuführen. Er, der allen zugänglich ist, wird in der ersten Einwirkung und in seiner Nachwirkung überallhin sich bemerkbar machen. Am stärksten natürlich dort, wo es viele Vorübergehende und manche Stehenbleibende gibt; viele der Milch bisher entwöhnte, entfremdete Leute und manche, die ihr doch wiedergewonnen werden können. In den Städten und Orten des Handels und der Industrie, des lebhaften Verkehrs auf den Straßen und Plätzen und des gleichzeitigen lebhaften Begehrs nach Nahrungs- und Erfrischungsmitteln, die sich aber in der Nähe gleich greifbar bieten müssen.

Der Unterzeichnete ist für öffentliche Milchschankstellen in Schriften und Vorträgen bereits eingetreten. Er glaubt, daß u. a. in dem rheinisch-westfälischen Industriebezirk für solche Einrichtungen, entweder von den Stadtverwaltungen oder Arbeitgebern, von Vereinen oder Privatunternehmern geschaffen, aber stets der Überwachung unterstellt, ein vorzügliches Tätigkeitsfeld gegeben ist, und daß — wenn auch vorbereitende Schritte und daraus erwachsende Kosten nicht ganz sich umgehen lassen — doch die Aufgabe selbst mit aller Tatkraft ohne Verzug in Angriff genommen werden sollte!"

Bonn, Anfang März 1904.

Prof. Dr. Kamp.

Und das ist damals geschehen. Nicht von mir allein; ich konnte nur auf den Weg hinweisen. Wäre ich dort ein einsamer Wanderer geblieben, so würde die Zahl der gut gemeinten, bald vergessenen Vorschläge um eine Nummer vermehrt worden sein.

Es ist anders gekommen. Mich berührt es seltsam, heute nach einem Jahrzehnt, mit dem Vorschlag seine Verwirklichung zu vergleichen. In den Einzelheiten hätte ich damals manches anders vorbringen, es so hinstellen können, wie die Entwicklung des öffentlichen Milchausschanks es wirklich gestaltet hat. Aber in den großen Zügen ist die Zukunftsschau vom März 1904 nicht falsch und trügerisch gewesen: Jener rege, frohgemute Milchverzehr, der der Milchverdrossenheit folgen sollte, hat sich nicht nur in den Milchhäuschen eingestellt, er ist mit ihren Besuchern in die Häuser und Haushaltungen übergegangen. Er hat hier in den zahllosen Einzelwirtschaften selbst einen viel stärkeren Milchverbrauch entstehen lassen, als er jetzt und auch in Zukunft von den öffentlichen Milchschankstellen jemals befriedigt werden wird.

Der „Stehtrank", als der *hastige Milchgenuß*, den aber unsere Milchhäuschen und die „Milchtrinkläden", alle mit bequemen Sitzgelegenheiten versehen, nur mehr den *eilig vorsprechenden* Leuten empfehlen, er hat im „Haustrank" bald einen Bruder erhalten. Und nicht nur die Milch im Glase, nach welcher zu Hause nun auch die älteren Familienmitglieder zur Erfrischung und Stärkung greifen, auch die Milch im Kochtopf ist reichlicher geworden; die „Rezepte" sind von eigenen „Milchkochbüchern" abgelöst worden.

Der stärkere Verbrauch der Milch macht sich selbstredend an ihren Quellen, bei der Milchgewinnung in den Stallungen der Milchwirtschaften, genau im gleichen Maße bemerkbar und wird auch von der Landwirtschaft gern als Tatsache bezeugt. Die Verwendung der Milch als „Rohmilch" zum Vollmilchverkauf, nicht zur Gewinnung von Butter und Käse, hat in vielen, in den Städten oder benachbart liegenden Molkereien den Betrieb, die Art der Milchverwendung völlig umgestaltet, sie dem Vollmilchverkauf zugeführt. Von diesem Umstand wird denn auch in den Jahresberichten getreulich Kenntnis gegeben. Seltener findet sich hier die Zufügung, daß an diesem Mehrbedarf an Milch die Stätten der Milchversorgung nur insofern beteiligt sind, als ihnen ihre Erzeugnisse von einem jetzt viel stärkeren städtischen Verbrauch abgenommen werden. Er ist aber nicht ihr Werk, sondern das Ergebnis unseres erfolgreichen öffentlichen Milchausschanks und seiner Auswirkungen auf den gesamten Milchverbrauch.

Die Milcherzeugung scheint sich zu sehr als die Mutter, die Vorbedingung alles Milchgenusses zu fühlen. Sie sollte nicht vergessen, wer denn ihre Erzeugnisse aus der Verdrossenheit und dem Winkel wieder an das Licht, in den Verkehr und die Schätzung der Menschen gebracht hat.

Es gelang mir in Düsseldorf, für meinen Aufruf drei Unterschriften zu beschaffen, als erste die des Vorsitzenden der dortigen Handelskammer, Kommerzienrat Adolf Möhlau.

Damit war freilich die Zeichnung von Anteilen für die geplante Gesellschaft mit beschränkter Haftung noch nicht verbunden, und trotzdem zu einem gemeinnützigen Unternehmen — mit heute mehr als 300 000 Mark Kapital — der Grundstein gelegt worden.

Die drei Herren hatten, ohne jede geldliche Verpflichtung, lediglich ihre Zustimmung zu meinem Aufruf erklärt. Doch hegten sie wohl keinen Augenblick Zweifel, daß in ihren Namen die Anwartschaft auf eine früher oder später fällig werdende Beisteuer lag. Einstweilen kreiste unter meinen Händen die „Zustimmungsliste" in Düsseldorf und in andern Städten. Sie kreiste, nachdem der „Kopf" vorhanden, mit so hübschem Zuwachs an zustimmenden Sachfreunden, daß diese und sonst geeignet Erscheinende schon auf den 29. März 1904 zur ersten Vorbesprechung nach Düsseldorf ins Park-Hotel berufen werden konnten.

Mit den Unterschriften zur Milchausschank-Gesellschaft stand — das ließ sich bald erkennen — der Aufbau noch nicht gesichert. Dafür waren die Bausteine und der Mörtel denn doch zu mannigfach und zu wenig kittfest. Die Idee des öffentlichen gemeinnützigen Milchausschanks gefiel, ich darf wohl sagen, allen, die zum Lesen des Aufrufs überhaupt gebracht werden konnten; aber sehr erhebliche Zweifel und schwere Bedenken richteten sich gegen die Durchführbarkeit.

Die Kölner Schankstellen waren in jener Vorbesprechung nicht einmal allen Teilnehmern aus dieser Stadt bekannt, oder, wenn das der Fall war, als mangelhaft besucht, nicht ermutigend. Und Direktor

Kemmler, technisch zweifellos der damals beste Auskunftgeber über den Milchausschank, hielt sich trotz wiederholter Einladung von den Düsseldorfer Besprechungen aus schwer erkennbaren Gründen fern. Es war für diese Zusammenkünfte ein glücklicher Umstand, daß sie von einem Manne geleitet wurden, der sich auf das „Vorsitzen" verstand. Kommerzienrat Möhlau kannte Handel und Industrie, Wohltätigkeit und Wohlfahrtsbestrebungen nicht nur als Dinge, die einen tüchtigen Mann gern in ihre Dienste nehmen und darin aufgehen lassen. Er kannte diese Tätigkeitsgebiete auch aus der Vogelschau, von oben herab, mit dem Einblick in ihr Getriebe und kannte ihre beste Behandlungsweise.

So verstand er es auch jetzt bei den Verhandlungen über den erstrebten Milchausschank das Wichtigste und Fördernde von dem Nebensächlichen und Hemmenden abzulösen und der im Aufruf vortretenden Frage die Stoßkraft nach dem Ziele, auf die Gesellschaftsgründung hin, zu geben. Vor allem war er kein Freund von Abschweifungen, die gerade hier auf dem Neufeld und jungfräulichen Boden sich so verführerisch boten, und die doch das junge Unternehmen rettungslos zum Stranden — und zum Versanden in den Dünen der Vergessenheit gebracht hätten! —

Immer wieder riß er, am Steuerruder stehend, das Schiff heraus aus dieser verderblichen Strömung. Ziel und Hafen hoben sich klarer ab. Sie wurden sichtbarer auch für die Einwurfsfanatiker und die schwer zu bekehrenden Bedenklichkeitskrämer. Hatte die März-Besprechung in die Zustimmungsliste viele neue Unterschriften geliefert, so brachte die weit zahlreicher besuchte Versammlung vom 18. April die ersten Zeichnungen von Anteilen zu 500 Mark für die in Aussicht genommene Genossenschaft mit beschränkter Haftpflicht.

An die Spitze dieser Geldliste trat im Verlauf Friedrich Krupp, Gußstahlfabrik, mit vier Anteilen, der Höchstzeichnung von 2000 Mark, die nicht mehr übertroffen noch auch eingeholt werden sollte. Die weitaus meisten Zeichner begnügten sich mit dem Mindestbetrag von einem Anteil. Die rheinisch-westfälische Industrie, welcher in vorderster Reihe die geldliche Grundlage und der finanzielle Aufbau des öffentlichen Milchausschanks in den beiden Provinzen zu danken ist, richtete sich, wie auch die beitretenden Stadtverwaltungen, in der Regel nach ihren Vormännern, und von ihnen war der vorderste Kommerzienrat Möhlau gewesen.

Dieser Großindustrie läßt sich kaum der Vorwurf machen, daß sie sich gegen die vielen Ansprüche für gemeinnützige Zwecke grundsätzlich ablehnend oder schwer zugänglich und schroff zurückweisend verhalte. Stößt man auf solches Verhalten, so liegt es vielfach daran, daß die entscheidenden Stellen geschäftlich gerade besonders stark beansprucht sind und sich nicht aufhalten lassen wollen, auch nicht aufhalten lassen können. Oder daß sie aus der mündlichen Empfehlung des Besuchers und aus dem bereits übersandten, nicht allzuoft durchlesenen Druckmaterial sich „kein Bild von der Sache machen" können. In solchen Fällen wird ihre Entschließung sich gern nach dem Urteil und Vorgehen anderer richten, die mit den Bestrebungen als vertraut gelten.

Mir, als dem Hauptsammler der Anteilzeichnungen, die durchweg nur bei persönlichem Vorsprechen zu erlangen waren, ist der Ausruf „Ah, Kommerzienrat Möhlau!" oft entgegen geklungen. Er hat mich auf den Werbefahrten auch außerhalb Düsseldorfs vielmals den Augenblick erkennen lassen, wo ich, im Laufe des Zwiegesprächs, die Zeichnungsliste mit Aussicht auf Erfolg vorlegen konnte.

Das sind persönliche Einwirkungen, das Zusammentreffen mit Männern, denen ein Vorschlag, eine Bitte unterbreitet wird, die schon einen guten Fürsprecher hat. Aber sie erklären doch nicht erschöpfend die gute Aufnahme des geplanten Milchausschanks:

Bei den Begrüßten herrschte in vielen Fällen bereits eine entgegenkommende Stimmung, wenigstens eine gewisse Empfänglichkeit und günstiges Verständnis für den neuen Ausschank. Es war geweckt worden und wurde wach gehalten durch eine viel früher einsetzende Bewegung, die mit dem Milchausschank nichts zu tun hatte; durch den Kampf gegen den Alkoholismus, durch das Streiten für die Mäßigkeit oder für die volle Enthaltsamkeit von geistigen Getränken, die Abstinenz.

Wer mit uns die Milch als das wohlfeilste und gesundheitlich beste Nahrungsmittel schätzt und sie demgemäß zum Volksnahrungsmittel machen will, der wird es, als ihrer unwürdig, abweisen, daß sie nur im Kampfe gegen den Alkohol, bei der Bewahrung von Trunkheitsbedrohten und der Rettung von Trinkern in den Vordergrund treten soll. Er wird diese ursprünglichste Nahrung der Menschen wie der Tiere nicht erst dann verwendet haben wollen, wenn es sich um die Bekämpfung eines Lasters, oder nach heutiger Auffassung, um die Heilung einer Krankheit handelt.

Lediglich als Hilfsmittel bei solchen besonderen Zwecken verwendet, dafür steht die Milch zu hoch. Sie darf und soll auch ihnen dienen, aber nicht vorab und ganz gewiß nicht ihnen allein.

Dennoch wäre es töricht, es hieße die dem Milchausschank günstigen Zeitumstände verkennen und gering anschlagen, wenn dieser Ausschank sich nicht die Vorarbeit nutzbar machen wollte, welche eine weit ausgreifende und rührig betriebene Mäßigkeitsbewegung und eine, an Zahl der Anhänger freilich nicht so große, aber noch rühriger vorgehende Enthaltsamkeitsbekehrung unserm Ausschank bietet.

Wir finden diese Bestrebungen, die, leicht begreiflich, auch ineinander übergehen und sich nicht immer scharf gesondert halten, fast ausnahmslos an den Stellen vor, wo für ein nüchtern und besonnen zu führendes Dasein schon Verständnis vorhanden ist. — Zugunsten der Milch und ihres Ausschanks hat daher vor zehn Jahren bei den um Anschluß begrüßten Leuten öfter auch der Umstand gesprochen, daß sie auch ein neues Kampfmittel gegen den Alkohol werden könne; wirksamer vielleicht, als daß sie, ihres allgemeinen gesundheitlichen Wertes wegen, aufgegriffen und zum Ausschank gebracht werden müsse.

Diesen Männern war der Antialkoholismus schon einmal oder auch häufiger nähergetreten: in Schriften oder Versammlungen, in der Aufforderung zum Vereinsbeitritt oder in Jahresbeiträgen. Sie hatten indes keinen augenfälligen Erfolg beobachten können. Der Kampf ging weiter, er setzte sich fort mit den bisherigen Streitwaffen, ohne bei der Bewahrung und Rettung oder bei der Heilung von Trunksüchtigen über die Einzelfälle hinauszukommen.

Man war mit der Kriegsführung nicht recht zufrieden und, weil man doch den Kampf selbst als dringend nötig und unerläßlich anerkennen mußte, war man einer andern Kunde zugänglich, dem Milchausschank.

Hätte die Menge und Masse, die Flut der Schriften, die den mäßigen Genuß oder die volle Enthaltsamkeit vom Bier und vom Branntwein predigen, allein diesen Zweck erreichen können, so dürfte von beiden im Übermaß kein Tropfen mehr getrunken werden. Es ist davor so beredt und überzeugend, so oft und so laut gewarnt worden, daß auch die Schwerhörigsten und Verstocktesten sich dem nicht verschließen konnten. Nur fehlte den Ratschlägen der Hinweis auf das andere, weniger schädliche, auf das neue, wirklich bessere, allbefriedigende Getränk. Die vorgeschlagenen Getränke, „Ersatzgetränke" genannt, gaben den Durstigen keinen vollen Ersatz. Es waren entweder „Biere oder Weine ohne Alkohol" und dann schmeckten sie nicht recht; oder sie waren, wie Kaffee und Tee, wohl schmackhaft, aber nicht nahrhaft.

So haben jene Warnungen sich nicht durchgreifend in die Tat umsetzen können. Zwar ist durch sie, das muß ihnen zugestanden werden, unter den Durstigen eine vorzügliche Stimmung für ein mustergültiges, künftiges Ersatzgetränk, die Sehnsucht nach ihm geweckt worden[1]. — Es anzugeben und, was das Wesentliche ist, es für den allgemeinen Gebrauch trinkfertig zur Stelle zu schaffen, war jenen Schriften nicht beschieden gewesen.

Nun machen sich aber Bedarf und Verlangen auch nach flüssiger Nahrung, das Durstgefühl, unweigerlich geltend. Wie soll es gestillt werden?

„Mit dem für die Gesundheit besten Getränk!", so nur kann die Antwort lauten[2]. Mit einem Getränk, das zugleich den Durst in angenehmer Weise löscht; das dem Trinkenden nicht ganz fremd ist und nicht eigens zusammengesetzt zu werden braucht. — Gesund und bekömmlich, den vorhandenen Getränken entnommen, mit einem Trank von derartiger Beschaffenheit wird sich das Flüssigkeitsverlangen aller Menschen — der schon besonnen und gesund lebenden und der vom Alkoholgenuß gefährdeten Leute — am besten stillen lassen.

Dies Getränk wird auch den Alkoholmißbrauch am wirksamsten bekämpfen.

Seltsam, aber wahr. Mit dem Hunger, insofern er mit fester Kost gestillt werden soll, hat man sich von jeher viel eingehender, auch wissenschaftlicher beschäftigt als mit dem Durst, der ja im Ursprung nur eine Abart des Hungers ist, das Verlangen nach den nicht festen, den flüssigen Erfrischungs- und Nahrungsmitteln.

Den Durst haben freilich die Dichter gepriesen als das Sehnen und Begehren nach den „Sorgenbrechern", nach berauschenden Getränken, die das Vergessen des Alltagsleids und einen kurzen Glückswahn bringen. Gescholten haben ihn die Alkoholgegner als den Verführer, den Men-

[1] Was ist bei der Alkoholbekämpfung das Wichtigste? Flugblatt der Deutschen Gesellschaft für gemeinnützigen Milchausschank in Bonn.

[2] Vergl. hierzu meine Flugschrift „Soll ich Schnaps, Bier oder Milch trinken?", Verlag von L. Schwann, Düsseldorf, die in mehr als dreiviertel Millionen Exemplaren verbreitet worden ist.

schenfeind, der, nach ihrer Schilderung, mit teufelischer Bosheit den berauschenden Getränken die Opfer zuschleppt und herzzerreißenden Jammer über die Trinker und ihre Angehörigen bringt.

Als uns angeboren und in sich gerechtfertigt, als der Freund der Nüchternheit, der gesunden, reich beglückenden Lebensführung, ist das Trinkbegehren, der Durst, noch nicht oft hervorgehoben worden. Jetzt scheint auch für seine Ehrenrettung der Zeitpunkt gekommen:

In den Tagen der Bierpaläste, der Bars und der „Großdestillen", die auch klein sein können, um dennoch großes Unheil anzurichten, glaubte man, dem Alkoholdurst dadurch beikommen zu können, daß man in Vorträgen und Schriften, in Bildern und Schaustellungen alle seine Schrecknisse, mehr noch als zuvor, überallhin verbreitete und überall abschreckend — letzteres wenigstens der Absicht nach — vorführte.

Bei der Alkoholbekämpfung nach diesem Verfahren will sich aber ein Friedensschluß nicht einmal in der Ferne zeigen. Fortdauernde Kampfesrüstungen und unablässige Kämpfe stützen sich hier ja gerade, sie rechtfertigen und begründen sich mit der Notwendigkeit eines immer stärkeren Ringens um die gefährdeten Trinker, die man nicht rettungslos zu Trunkenbolden werden lassen will. Ihnen gilt die von Stadt zu Stadt sich verpflanzende, mit Wetteifer und größerem Kostenaufwand gepflegte Trinkerfürsorge. Andern erschließen sich die auch nicht wohlfeil zu unterhaltenden Trinkerheilanstalten, deren Zahl dem Bedürfnis nicht genügt und als zu klein beklagt wird.

Alle diese Bemühungen und Anstrengungen, die öffentliche Fürsorge und die Anstaltsversorgung in hohen Ehren! — Werden sie doch von Menschenfreunden mit eifrigster Arbeit erkauft und trotzdem so vielfach vom Mißerfolg begleitet!

Aber auch das unermüdlichste Wirken darf uns nicht hinwegtäuschen über die Notwendigkeit, zum Durst zurückzukehren.

Der ist nun einmal den Erdenbürgern so eingeboren, er ist so echt menschlich, **körperlich oder leiblich**, daß man ihn mit den **Geisteswaffen** des Wortes, der Schriften und der bildlichen Abschreckungsmittel nicht ganz einkreisen und völlig bewältigen, ihn nicht durchweg in die Bahn der Entsagung zwingen kann. Der ungezügelte Alkoholdurst kann — durch das Warnungsverfahren und die Abschreckungsmittel — höchstens stutzig gemacht werden, aufmerksam auf das Verderben, dem er entgegen rennt. Und dieses Stutzigwerden ist auch schon eine große Errungenschaft, wenn . . .

Wenn, in demselben Augenblick, denn jetzt sind die Augenblicke kostbar, ihnen, den angehenden Trinkern und ihren schon stärker gefährdeten Genossen die Stätte gezeigt wird, wo sie ebensogut wie die auf Mäßigkeit schon bedachten Leute den Durst löschen sollen. Nicht bloß ungefährlich und schadlos, vielmehr sich zur Gesundung, Erfrischung und Kräftigung, billig und auch schmackhaft. Trank gegen Trunk!

Der aus der Vergangenheit überkommenen Alkoholbekämpfung, sei es zur Mäßigkeit oder zur Enthaltsamkeit, bei den Erwachsenen und den Kindern, widmen sich heute umfassende, gewaltige Organisationen: entweder konfessionell in Bündnissen sich zusammenschließend, oder als deutscher Verein; entweder international ausgreifend, oder in der engen Beschränkung auf die Genossen bestimmter Berufsklassen eines Landes.

Was ist aber für diese Zusammenschlüsse wichtiger? — Der Kampf gegen den Mißbrauch geistiger Getränke; oder für den Gebrauch nichtgeistiger Getränke? Die Trinkerfürsorge; oder eine Fürsorge für Getränke? Eine alkoholfreie Trinkerheilanstalt; oder eine Milchschankstelle?

Die Antworten fallen nicht schwer.

Jedenfalls kein Kampf mehr gegen den Durst als den Feind, sondern mittels des Durstes, als des Freundes auch nichtgeistiger, alkoholfreier Getränke, gegen den Alkohol!

Solcher Art waren die Fragen und Erwiderungen, der Austausch der Ansichten, Rede und Gegenrede bei den meisten Besuchen zur Errichtung einer Gesellschaft für Milchausschank. Auch sie haben meines Erachtens ihr Zustandekommen wesentlich gefördert. Die Geldmittel wurden freilich von Sachfreunden beigesteuert, die später nicht immer zu den Stammgästen der Milchschankstellen gehörten.

Stehen diese auch jedermann offen, so werden sie doch vorzugsweise von den Volksschichten besucht, welchen das Leben viel anstrengende Arbeit auferlegt, aber nur selten die häusliche Nahrung so reichlich und nachhaltend zur Verfügung stellt, daß sie draußen auf jede Stärkung und Erfrischung, auf einen Imbiß oder Labetrank verzichten können. Sie nehmen beides, wie es sich am Wege bietet; auch dort, wo der Zufall, vielfach auch die Berechnung und Gier nach den Arbeitergroschen Tür und Haus verlockend auftun. Dieses Fallenstellen mußte auffallen, man durfte nicht achtlos daran vorübergehen.

Unendlich viele Leute mühen sich ab, sie arbeiten hart, aber weder in ihren Wohnungen noch an einer andern bestimmten Arbeitsstätte.

Alle Beschäftigungen, die sich im Umhergehen vollziehen: die Besorgungen der Hausknechte, Ausläufer, Boten und Lehrlinge aus den kaufmännischen und industriellen Betrieben und von den städtischen und staatlichen Ämtern; dann die Handwerker und die Stadtreisenden, die Reisenden überhaupt, sie alle können nicht immer an einer Arbeitsstätte bleiben. Sie müssen Stadt und Straßen durchqueren. Und ihr Gehen oder Laufen mit und ohne Traglast, ihr Hasten und Eilen, wenn die Besorgungen drängen, macht sie durstig; durstiger als die am festen Orte sich vollziehende Arbeit. Ihnen aber winkten damals und tun es noch heute — gegenüber unserm vordringenden Milchausschank — alle die „Löschgelegenheiten" für den Durst: Wirtschaften und Kneipen, Stehbierhallen und die Schnaps-Abcs.

Mir wie jedem andern bot sich dieser Anblick, so oft ich aus den Räumen der werbend begrüßten Sachfreunde auf die Straße trat. Dieses Schauspiel hat mich, trotz vieler Fehlgänge, auch beharrlich und standhaft gemacht in dem Werben bis zum Schluß.

Es war wirklich die höchste Zeit, daß sich für jene durchaus nicht alle dem Trunk, nicht einmal der Unmäßigkeit verfallenen Stadtgänger oder „Freiluftarbeiter" — neben den Buden mit Selterswasser — andere Erfrischungsstätten weit auftaten, die:

„Milchhäuschen", der „Werkausschank" u. a.

Genau drei Monate vor der am 1. Oktober 1904 in Düsseldorf konstituierten Rheinisch-Westfälischen Milchausschank-Gesellschaft, ist am 2. Juli 1904, von dem vorläufigen Arbeitsausschuß der Gesellschaft, in Essen a. d. Ruhr auf dem Kopstadtplatz, d. h. auf dem „Kopfe", dem „höchst gelegenen Punkte inmitten der Stadt", das erste Milchhäuschen mit Innenausschank und Jahresbetrieb eröffnet worden. Ein Briefträger, wie mir noch erinnerlich, sprang leichtfüßig als der erste Gast über die paar Steinstufen und verlangte ein „Gläschen Milch", das ihm schmeckte, worauf er noch eins trank.

Dieser Postbote ist uns ein Glücksbote geworden. Er muß von da an auf seinen Bestellgängen den Briefempfängern, und diese müssen wieder der Nachbarschaft und den Freunden von dem so ganz neuen Milchausschank auf dem Kopstadtplatz erzählt haben.

Die Sache sprach sich in der Umgebung rund, und das Häuschen tat auch sein Teil zum Bekanntwerden. Es stand frei, von allen Seiten sichtbar, und gab seinen Zweck durch Aufschriften auf den Außenwänden weithin zu erkennen.

Die Leute traten heran. Sie lachten, gutmütig oder spöttisch, daß man von nun an öffentlich, neben dem allbekannten Selterswasser, in besonderen Buden oder „Büdchen“ auch Milch verkaufen wolle. Immerhin blieb schon an dem Eröffnungstage unser Glücksbote nicht der einzige Gast. Andere Neugierige übertraten mit zaghaft verschämtem Lächeln die Schwelle. . . . War das die Milch, die kein Erwachsener mehr getrunken hatte? —

Die schmeckte ja so frisch und anmutend, so voll im Munde und prächtig, als ob ein neues Getränk „extra“ erfunden worden wäre. Das mußte man sich merken und an den folgenden Tagen wieder davon trinken.

Aus den Neugierigen wurden Anhänger und Fürsprecher des Milchgenusses, eine Kundschaft bildete sich. — Nun kamen, aufmerksam gemacht, auch die grundsätzlichen Alkoholgegner, die Freunde der Mäßigkeit oder der Enthaltsamkeit, die auf Ersatzgetränke, u. a. den Kaffee, bisher bedacht gewesen waren und ihn kannenweise getrunken hatten oder die Mineralwässer, von den Werkleitungen der Großindustrie waggonweise für die Arbeiterschaften bezogen. — Milch schmeckte doch anders, vollmundiger, besser.

Das erste Milchhäuschen hat gehalten an wachsendem Zuspruch und treuer Kundschaft, was es schon nach ein paar Wochen versprach. Heute gibt es in der einen Stadt Essen zahllose Milchschankstellen, darunter sehr viele „nichtgesellschaftliche“. In Essen werden wohl die meisten „Gläschen kalt oder warm“ getrunken; im Verhältnis zur Einwohnerzahl mehr als in den andern rheinisch-westfälischen Großstädten, und dort trinkt man doch auch recht viel Milch!

Wie dankbar heute die Gäste für diese Darbietung sind, das besagen nicht nur ihre Mienen und Worte, das zeigt der Gesamtabsatz des öffentlichen Ausschanks und die vielen über das erste Glas hinaus getrunkenen „Zweiten“ und „Dritten“.

Die Milchhäuschen werden ja auch — obschon seltsamerweise nicht so zahlreich — vom weiblichen Geschlecht, von Frauen und Mädchen aus der lohnarbeitenden Volksklasse, und recht zahlreich von Kindern besucht; von jedermann, von jung und alt und arm und reich. Daß sie der Arbeiterbevölkerung in ihren Arbeitszeiten vor allem dienen, macht sie nicht zu einer ausschließlichen Arbeiter-Wohlfahrtseinrichtung.

Wie der Milchgenuß jedem, unbeschadet seines Standes und der Steuerstufe, gut tun kann und gut tut, so müssen auch seine Ausschankstätten jedem offen stehen. In dem Sinne werden sie geschätzt und von aller Welt gern besucht.

Hier trifft man, außerhalb der Arbeitszeiten, die sonst schichtweise tätigen Fabrikarbeiter und Werkleute, entweder auf dem Hinweg zur Arbeitsstätte oder von dort zurückkehrend. Die Häuschen müssen daher einen langen, vielstündigen Betrieb haben. Sie sollen morgens in aller Frühe den Vorbeikommenden schon vor Arbeitsbeginn das Glas Milch mit auf den Weg geben und sollen abends auch den spät Beschäftigten noch eine Labung bieten.

Sonntagsruhe kann bei ihnen nicht eintreten, weil sie gerade an dem Tage, mehr noch als sonst, allen Milchdurstigen zu jeder Stunde offen stehen müssen.

An diesem arbeitsfreien Tag der Woche treffen dort zu den ihnen bequemsten Stunden alle die Leute zusammen, die Werktags durch den Beruf an bestimmte Besuchszeiten gebunden sind. Da kann der Vater seine Kinder nach Herzenslust Milch trinken lassen. Und die Arbeiterin zeigt dann wohl ihrem Liebsten den Ort, dem sie werktäglich in der Mittagspause zueilt, um mit ein paar Glas Milch und einem tüchtigen Butterbrot die Mahlzeit zu halten und sich mit der Verkäuferin etwas „auszuplaudern". Letztere aber muß auch am Sonntagnachmittag den Dienst versehen, oder sie wird, was oft geschieht, sich eine Vertreterin beschaffen. Wenn dann die Eltern mit ihrem Nachwuchs den gewohnten Spaziergang machen, so brauchen sie jetzt den Durst nicht mehr mit Bier und andern alkoholischen Getränken zu stillen. Sie finden zu viel mäßigerem Preis eine Erfrischung, die auch den Kindern viel besser mundet und die gesundheitlich den Spaziergang in jeder Hinsicht körperlich kräftigend macht.

So wird der Sonntag auch den Milchhäuschen zum Festtage, in den sonntäglich gekleideten, ohne Werktagshast kommenden, gemächlich verweilenden Gästen, in strahlenden Kinderaugen und sonniger Fröhlichkeit.

Wie alle menschlichen Einrichtungen, ist natürlich auch der öffentliche, gemeinnützige Milchausschank im Betriebe, trotz der ihm innewohnenden „sieghaften Idee" von äußeren Umständen abhängig, die hemmend oder fördernd auf ihn einwirken, ihn zum guten oder zum schlimmen ausschlagen machen. Und diese Möglichkeiten sind in ihrem

Ursprung mannigfach. Die Ursachen, die Umstände sind, ob hilfreich oder ob schädigend, keineswegs immer auf den ersten Blick erkennbar und zu beseitigen. Sie enthüllen sich nur den Sachkennern, die nicht an den blinden Zufall glauben, vielmehr in solchen Fällen dem Mißerfolg und Fehlbetrieb in ihren Ursachen auf die Spur zu kommen suchen.

Es wäre sehr zu beklagen, wenn ein ungünstiger Verlauf des Ausschanks seine Freunde und Urheber hier und da am Milchausschank als „einem unberechenbaren Wagnis" zweifeln machen und ihnen den Ausschank verleiden sollte.

Wie oft ist aber dieser Ausschank nicht schon fehlgeschlagen!

An einem Standort begonnen, wo das Milchhäuschen gar nicht übersehen werden konnte, oder in einem Raum eröffnet, dessen Eingang die Vorübergehenden geradezu abzufangen schien, standen die Verkaufsstätten bald verödet da. Die Gäste hatten sich verlaufen, obwohl die dargebotene Milch vom ersten Glase an gut gewesen und auch im Verlauf des Betriebes nicht schlechter geworden war. Trotzdem lag nun der Ausschankraum so spärlich besucht und verlassen da, daß die Betriebsleitung in bangen Zweifeln den Niedergang beobachtete und schließlich von der Verkäuferin eine Aufklärung haben wollte, die sie nicht geben konnte.

Besser hätte man die dienende Kraft nicht erst beim schwindenden Zuspruch befragt, sondern sie vor der Anstellung an anderer Verkaufsstelle eine Probezeit durchmachen lassen. Und in den Anfangstagen der eigentlichen Wirksamkeit hätte sie scharf beobachtet werden müssen, ob sie für den Posten geeignet war. Der Verdruß über den sich verflüchtigenden Zuspruch wäre erspart geblieben. Es wäre auch der Versuch vermieden worden, der meist sehr schwer, oft überhaupt unmöglich ist, die verlorene Kundschaft der Schankstelle rückzugewinnen.

Drei Dinge gehören als die Vorbedingungen zum öffentlichen Milchausschank: Milch, Verkaufsraum und Verkäuferin. Sie aufs beste zu beschaffen, ist aber bei jedem der drei Dinge nicht gleich schwer oder gleich leicht.

Milch in ausreichender Menge und zwar gute Milch, am Betriebsorte selbst oder in angemessener Nähe erhältlich, ist natürlich der Anfang allen Ausschanks. Sobald sie beschafft und ihr Bezug dauernd gesichert ist, scheiden hier die Schwierigkeiten aus. Denn die Milchkontrolle, welche selbstredend sorgsamst ausgeübt werden muß, bietet, einem Fachmann anvertraut, keine Schwierigkeit.

Der Verkaufsraum muß in günstiger Lage, inmitten des Verkehrs und für die Gäste leicht zugänglich, mit Vorsicht und Umschau gewählt werden. Ist das geschehen, so gilt es, ihn für zwei Zwecke einzurichten und auszustatten: Die Milch und die Menschen sollen dort gut aufgehoben sein und sich wohl befinden. Erstere muß, nach pünktlicher, einwandfreier Anlieferung, in dem Ausschankraum sämtliche Vorkehrungen finden, die sie tunlichst frisch und kühl erhalten und vor dem Verderben schützen, aber auch ihr Anwärmen bis zum Kochen ermöglichen. Und den Menschen ist im Innern des Ausschankraums — denn der „Innen"-Ausschank hat den in Köln aus der Vorzeit Tagen noch auffindbaren „Außen"-Ausschank an die Straßengäste heute sonst wohl allerorts abgelöst — der Aufenthalt mit Sitzgelegenheiten und andern Bequemlichkeiten so behaglich wie möglich zu gestalten, und ihnen auch dadurch das Wiederkommen zu empfehlen. Für diese örtlichen oder räumlichen Anforderungen gibt es in den deutschen Milchschankstellen so viele nutzbare Vorbilder, daß auch dieser Punkt unter kundigen Händen sich unschwer erledigt.

Milchbeschaffung und Raumausstattung haben die Eigenschaft gemeinsam, daß sie, richtig vorgesorgt und im rechten Zustand erhalten, den Zuspruch und Absatz der Milchschankstelle nicht erschweren und verlangsamen können. Will bei gutem Standort der Absatz nicht in Gang kommen, oder verlangsamt er sich, nach ermutigendem Beginn, bis zum Stillstehen, so muß ein dritter Umstand hemmend dazwischen getreten sein. Nicht so sehr ein Umstand, vielmehr ein Lebewesen, die Verkäuferin.

Die selbsttätig ausschenkenden Milchspender, jene laut angepriesenen und mancherorts versuchsweise aufgestellten „Milch-Automaten" haben sich, aus hier nicht zu erörternden Gründen, nicht einführen lassen. Bei unserm Ausschank bleiben wir auf die lebende Hilfe angewiesen. Wir wählen sie — von der weiblichen Seite — als Verkäuferin, weil sie sich besser dafür eignet als die oft wenig saubern, aber viel rauchenden oder gar schnupfenden Vertreter des andern Geschlechts in den, vom Milchausschank mehr und mehr bedrängten und verdrängten Selterswasserbuden.

So erscheint die Verkäuferin für den Milchausschank wie geboren und sie wäre auch durchweg mustergültig, wenn wir sie für den Zweck uns ebenso geeignet besorgen könnten, wie wir die Milch zu beschaffen und den Betriebsraum herzurichten vermögen. Doch müssen wir mit den für die Ausschankstellen sich anbietenden Personen oder „Kräften“ fürlieb nehmen. An tauglichen Verkäuferinnen bietet sich aber schon deshalb keine große Zahl, weil diese Beschäftigung ja verhältnismäßig noch jung ist, und die Bewerberinnen selbst sich erst heranbilden müssen.

Allerdings melden sich auf eine Zeitungsanzeige recht viele und versichern uns mit mehr Wortschwall als richtiger Ausdrucksweise, brieflich oder mündlich um die Wette, daß sie die Stelle leicht, ja spielend leicht ausfüllen könnten. Und die Verrichtungen sind ja auch anscheinend leicht zu besorgen: das Darreichen von Gläsern Milch hinter dem Ausschanktisch (der „Theke“ im Rheinland) an die vor ihr geduldig wartenden Besucher, das Spülen der Gemäße u. a.

Meist wird von den Bewerberinnen übersehen, daß auch die Versorgung der Milch, die Milchbehandlung oder „M i l ch p f l e g e“, sobald jene im Schankraum abgeliefert worden ist, zu den Arbeiten gehört; daß ferner die Bewahrung der Milch vor der Hitze und dem Sauerwerden und die Pflicht, sie stets, sowohl kalt wie warm, zum Ausschank bereitzuhalten, daß dies alles der Verkäuferin zufällt. Daß diese, wie sie am eigenen Leibe und in der Kleidung untadelhaft sauber sein muß, dieselbe Eigenschaft auch in dem Schankraum und seiner Ausstattung stets aufrecht zu erhalten hat.

Nun gibt es gewiß überaus saubere Verkäuferinnen, wahre „Putz- und Feg-Genies“, die dem schärfsten Hausfrauenblick standhalten können, ja sein Entzücken sind, und die nichtsdestoweniger sich für den Milchvertrieb als wenig passend oder ganz untauglich erweisen. Könnte man sie „automatisch“ in der Weise verwenden, daß sie stumme Figuren wären und mit dem Publikum nicht zu verkehren hätten, so ließe sich mit ihnen wohl auskommen.

Aber da ist die eine wortreich und redselig, schwatzhaft gegen alle und jeden bis zur Unerträglichkeit und zur Flucht der Gäste; die andere ist mürrisch und wortkarg, kurz angebunden und — was das Schlimmste — sie ist dies besonders ärmeren Leuten gegenüber, die doch die Mehrheit der Besucher bilden. Eine dritte ist zuvorkommend, übertrieben freundlich zu den sogenannten „besseren Leuten“, die das von ihr still lächelnd hinnehmen und ihr zuliebe doch nicht zahlreicher erscheinen. Sie ist wohl unter allen Arten von Verkäuferinnen die schädlichste, dem Zuspruch der Schankstelle verderblichste Art, weil sie die für solche unterschiedliche Behandlung sehr feinfühligen und empfindlichen ärmeren Gäste auf Nimmerwiedersehen vertreibt.

Auch darf die Milchspenderin weder so jung und so verlockend hübsch sein, daß sie die Scharen auch jugendlicher Anbeter um sich sammelt und mit ihnen den Schankraum lästig und störend ausfüllt; noch auch so alt, daß ihr die Stelle zum Ruheposten wird, und sie greisinnenhaft mehr Ehrfurcht als Trinklust weckend vor den Besuchern steht.

Zwischen diesen Außenpunkten auf der einen und der andern Seite, den „Extremen", gibt es glücklicherweise doch eine Mittelschicht brauchbarer Kräfte, die nicht im einzelnen geschildert zu werden brauchen, weil der Gegensatz zu den oben geschilderten Personen ihre guten Eigenschaften schon sichtbar werden läßt.

Und wenn von diesen brauchbaren, den tüchtigen und den tüchtigsten Kräften, durch unsere Wahl mit Schicksalsgunst, dieser oder jener Milchschankstelle eine Verkäuferin zuteil wird, so kann sie Wunder wirken. Daß sie mangelhaft angelieferter Milch die Mängel nimmt, soll nicht behauptet werden. Daß aber die gute Ware unter ihren Händen gut bleibt und, warm wie kalt stets bereit stehend, den Besuchern in der erwünschtesten Beschaffenheit gereicht wird, das ist nur einer von den Vorzügen solcher Milchspenderinnen.

Kann sie auch die mangelhafte Milch nicht mehr einwandfrei machen, so kann die gute Verkäuferin doch auf den Verkaufsraum und seinen Zuspruch umgestaltend einwirken:

Angenommen, seine Lage erweist sich, wider Erwarten, nicht so günstig, so anziehend, wie man geglaubt hatte. Auch dann dürfen wir den Ausschank noch nicht preisgeben. Wir dürfen die Verkaufsstelle nicht eher schließen, bis wir mit unserer tüchtigsten Verkäuferin dort auch einen Versuch gemacht haben. Die untaugliche entvölkert durch ihre Untauglichkeit uns den bestgewählten, für starken Zuspruch berufensten Raum; die taugliche ruht nicht eher, bis sie den denkbar letzten Gast in „ihren" Ausschank gebracht hat. Daß viele Leute einen Umweg nicht scheuen, um bei ihrer Lieblingsverkäuferin aus dem Stammglas so und so viele Gläser täglich zu trinken, ist eine oft beobachtete Erscheinung! —

Das Urteil über den Standort und das voraussichtliche Ergehen einer Milchschankstelle spricht endgültig nur die gute Verkäuferin. Bringt auch sie nichts zustande, dann muß man die Schankstelle eingehen lassen, und zwar ohne Säumen, denn andere Orte warten auf die hier nutzlos stehende Einrichtung.

Wie aber strömen die Gäste zu dem Milchhäuschen oder dem Milchtrinkladen, wo in guter Lage die tadellose Milch von der auch untadeligen Verkäuferin ausgeschenkt wird!

Drei Hauptdinge gibt es beim Milchausschank. Wer ihn erfolgreich betreiben will, wird sie nach ihrer Bedeutung einschätzen. Er wird, um sich vor Enttäuschungen zu schützen und um eine unserer jüngsten, aber wichtigsten Wohlfahrtseinrichtungen nicht durch örtliche Fehlschläge zu gefährden, auf die beste Ausführung mit allen Kräften bedacht sein. —

Kommt der öffentliche Ausschank den draußen beschäftigten „Luftarbeitern" reichlich zugute, so daß sie ihre Besorgungen gekräftigt und darum leichter verrichten können, so dürfen die an einem festen, bestimmten Ort schaffenden Arbeiter nicht vergessen werden. Neben dem Ausschank für jedermann in den Milchhäuschen, mußte für die Stillung des Durstes, für die leibliche Erfrischung und Stärkung bei andern Durstigen anders Sorge getragen werden.

Der öffentliche Ausschank wurde von Arbeitern besucht, zahlreich und andauernd. Er ließ erkennen, daß die gleiche oder eine ähnliche Einrichtung für die andern Arbeiter, *an festen Arbeitsstellen*, in den Fabriken und Werken, auch geschaffen werden mußte.

Das ist geschehen und so, an der Seite des öffentlichen Ausschanks, der „*Werkausschank*" der Milch entstanden, beide vor allem aus den Beisteuern der Großindustrie und der Stadtverwaltungen. Der Werkausschank war nicht etwas ganz Neues, noch nirgends Vorhandenes. Einzelorts hatte ein Milchausschank in Fabriken schon früher stattgefunden. Doch konnte er sich erst dann stärker verbreiten, planmäßig und tatkräftigst eingeführt werden, als sein Bruder, der öffentliche Ausschank, gerade die Arbeiter als die treuesten Kunden erwiesen hatte.

Da schwand die Befürchtung, daß der deutsche Arbeiter keine Milch trinke, für alle die Orte und Gegenden, für die Landesteile und Provinzen, wo der Ausschank an jedermann sich eingebürgert hatte. Da erschloß sich mit einem Schlage dem Milchausschank ein neues, großes Feld!

Deutsche Arbeiter und Werkleute zählen, soweit sie für den Werkausschank in Betracht kommen, nach Millionen. Immer mehr führt diese Darbietung der Milch sich nun auch bei ihnen ein. Sie kann ebenso viel Interesse und Förderung wie der Straßenausschank beanspruchen.

Gleich sind bei diesen Arten der Darbietung die Beschaffenheit der Milch und die Gründe, weshalb gerade dieses Nahrungsmittel, als Getränk zur allgemeinen leiblichen Erfrischung und im Kampfe gegen den Alkohol, bevorzugt wird.

Verschieden sind die Örtlichkeit und die Ausschankzeit: Draußen die jedem zugängliche Trinkstätte, von Arbeitern auch besucht. Hier, beim Werkausschank, als Trinkstätte die Arbeitsstätte selbst, die Fabrik, das „Werk" mit der Aufschrift „Unbefugten ist der Zutritt strengstens untersagt!", mithin auch die Teilnahme am Milchausschank.

Seine Stunden ergeben sich, ebenso unüberschreitbar, aus dem Umstand, daß der Ausschank im Werke selbst erfolgt. Das kann nur in den Arbeitsstunden geschehen, in den „Schichten", einschließlich der Nachtschichten, die auch schon mit Milchausschank bedacht worden sind. In der Regel findet sich die Ausschankzeit nicht willkürlich, sondern vorbedacht innerhalb der Arbeitszeiten. Man setzt dafür feste Zeitpunkte an: Die Anfangszeit der Arbeit oder bereits eine halbe Stunde vor dem Glockenschlag; auch morgens die Frühstücks- und nachmittags die Vesperpause, es sei denn, daß eine stets geöffnete Kantine mit älterem anderen Ausschank nun auch den Milchausschank aufnimmt und in seinen Stunden unbegrenzt läßt.

Der Werkausschank wird sich zeitlich auf die Arbeitsschichten und räumlich auf das Werkinnere beschränken. Er kann daher in seiner äußeren, technischen Einrichtung, in der zum Betriebe nötigen Ausstattung einfacher sein als der öffentliche Verkauf der Milch. . . .

Das Streben, die *Milch an den Ort der Arbeit zu bringen, sie, gleichzeitig mit ihr, auszuschenken*, ist so einleuchtend, so praktisch und zur Nachahmung anregend, daß es bei immer neuen Gruppen von Arbeitern oder von anders Beschäftigten sich betätigt.

Zu den Beschäftigten im weiteren Sinne gehören u. a. die *Kinder*, die Jugend sowohl der Volksschule wie auch der zeitlich vor dieser Schule liegenden Bewahranstalten und Kindergärten, dann der nebenher gehenden Kinderhorte und endlich der höheren Lehranstalten und Hochschulen. Hier hat sich eine Milchausteilung, *Schulmilchpflege* genannt, auch unter dem Namen der Frühstücksausteilung und des Vesperbrotes eingebürgert. Ja, sie ist älter als der Werkausschank und der *Milch*-

ausschank im Heere an die Soldaten auf den Truppenübungsplätzen und in den Garnisonen.

Daß beide, der Schulausschank und der Heeresausschank, heute weniger vortreten und besprochen werden, erklärt sich daraus, daß sie dem öffentlichen Ausschank nicht so nahe stehen wie der Werkausschank, der Hand in Hand mit ihm das Interesse weckt und in immer neuen Einrichtungen sich betätigt.

Alle Arten des Ausschanks aber zeigen die gleiche Eigenart: Sie wollen die Erneuerung der von der Arbeit verbrauchten Kräfte nicht zu lange hinausschieben, sie vielmehr tunlichst bald, vielfach noch während der Arbeitszeit, eintreten lassen.

Das kann nur durch ein Nahrungsmittel ermöglicht werden, welches die Nährstoffe so zusammengesetzt enthält, daß es, auch in geringer Menge, doch wesentlich stärkt und die Kraft zur Weiterarbeit merkbar erneuert. Erfrischung und Aufmunterung des müden Leibes und abgespannten Geistes sind gewiß schätzenswert. Es sind die Wirkungen der uns zu Gebote stehenden Getränke nichtalkoholischer Art, besonders des Kaffees und des Tees, in beschränktem Maße auch der Mineralwässer.

Wir sind aber, ich möchte sagen, unbescheidener, sind in gerechtfertigtem Maße anspruchsvoller geworden, wenn wir von obigen „Ersatzgetränken" Abstand nehmen und nach einem andern Trank greifen. Ihm darf das Erfrischende und Ermunternde auch nicht fehlen. Dazu aber muß er noch die Eigenschaft oder richtiger die Eigenart aufweisen, daß er stärkt und kräftigt, möglichst viel aus möglichst kleiner Genußmenge; daß er leicht zu beschaffen ist und uns insgesamt so reichlich sich bietet, daß er, der Trank, Millionen Menschen den eben geschilderten Dienst leisten kann.

Ein hochgehendes Verlangen von einem einzelnen Nahrungsmittel! — Bietet es sich in einem mit Höchstpreisen zu bezahlenden künstlichen Präparat?

Milch und Milcharten.

Es entspricht dem Verlauf der Milchbewegung, daß, nach dem Milchausschank, die Milch selbst erörtert wird.

Den Milchhäuschen ist der große Zuspruch nicht deshalb zuteil geworden, weil über das dort gebotene Getränk in Schriften Aufklärung verbreitet und in Vorträgen Stimmung gemacht worden war. Sie wurden besucht, weil .... sie da waren, mit offenen Türen an verkehrreichen Stellen standen. Weil die Neugier die Vorübergehenden hineinführte und das ausgeschenkte, scheinbar „neue“ Getränk ihnen schmeckte. Nachdem mit dem Betrieb ein Anfang gemacht, die ersten Gäste gewonnen waren, ist naturgemäß auch das Werben für den Ausschank durch Milchschriften und Flugblätter zugetreten und hat zu dem dauernden Zuspruch und wachsenden Absatz merkbar beigetragen.

Die Leute sollten nun ihre Milch nicht nur aus Neugier, auch nicht bloß des Wohlgeschmacks wegen sich munden lassen; sie sollten sie „mit Verständnis“ genießen. Aus gelegentlichen Besuchern sollten regelmäßig kommende Gäste werden, eine Stammkundschaft sollte sich bilden, an welche die neugierigen Nachzügler und andere einem wohlschmeckenden Trank zustrebende durstige Menschen sich anreihen konnten und sich angeschlossen haben.

Was war schon damals und was ist heute die Vollmilch?

Sie ist das, was die Natur den Säugetieren, unsere Neugeborenen eingeschlossen, in der Muttermilch zur ersten Nahrung gegeben hat. Eine Nahrung, bei der sie — wenn durch Krankheiten nicht gefährdet — in der Regel gedeihen müssen, ohne daß eine andere Nahrung zuzutreten braucht.

Ist aber, durch ihren Gehalt an Nährstoffen, diese Milch tauglich, auch bei der Ernährung der erwachsenen Leute unter die Volksnahrungsmittel aufgenommen zu werden?

Bei der Antwort handelt es sich für uns um die Milch der Kühe, neuerdings in vortretendem Maße auch um die Ziegenmilch. Beide bestehen aus Eiweiß, aus Fett und aus Zucker, aus Nährsalzen und reichlich Wasser.

In den Eiweißkörpern, den Salzen und dem Wasser enthält sie die Stoffe oder Bestandteile, welche die Masse unseres Körpers bilden, die sogenannten plastischen körperbildenden Nährstoffe.

Mit ihrem Zucker und dem Fett verrichtet sie die zweite Aufgabe der Nahrungsaufnahme und Ernährung: Sie verleiht dem Körper die zum Leben erforderliche Wärme und die zur Arbeit nötigen Kräfte[1].

---

[1] Ihre Zusammensetzung ist durchschnittlich in Prozenten:

Eiweißkörper	3,62 %
Fett	3,25 %
Zucker	4,65 %
Übertrag:	11,52 %

An Milchzucker und Milchfett ist, wie ersichtlich, die Milch auffallend reich. Bildet doch ihr Fettgehalt das Kennzeichen, ob eine Milch, gegenüber der Behörde und den amtlichen Untersuchungen, als Vollmilch gelten kann oder nicht. Das Milchfett gibt dem Trinkenden die Wärme, merkbare Stärkung und Kräftigung. Es wirkt in der Hinsicht zwei- bis dreimal mehr als der sonst in dieser Wirkung ihm nahestehende Zucker. Es kann auch Wärmebildner aufspeichern, die dann verhindern, daß, bei schwerer Arbeit und beträchtlichem Kräfteaufwand, die Eiweißkörper zum Ersatz herhalten müssen. Sie bleiben, dank dem Vorrat an Wärmebildnern, ihrer körperbildenden Tätigkeit ungeschwächt erhalten.

Von der Vollmilch hieß es schon vor mehr als sechzig Jahren:

In richtiger Mischung, Speise und Trank miteinander verbindend, enthält die Milch nicht nur im Käsestoff einen eiweißartigen Körper, der sich in Eiweiß und Faserstoff und nachträglich in Leimbildner: Horn und elastische Fasern verwandelt, sondern auch im Milchzucker einen der verdaulichsten Fettbildner, und in der Butter die fertig gebildeten Fette, welche das weiche Polster der runden vollen Backen und die Glieder der Kinder bilden helfen (Moleschot, 1850).

In ähnlichem Sinne sagt in unserm Jahrhundert (1905) Ökonomierat Plehn, der frühere, verdienstvolle Leiter des Deutschen Milchwirtschaftlichen Vereins:

Die Säugetiere, von der Spitzmaus bis zum Walfisch, können bei ausschließlicher Milchnahrung ihre Körper fast bis zum völligen Auswachsen entwickeln. Die Milch enthält also alle Stoffe, die der tierische wie der menschliche Organismus zu seinem Aufbau braucht. Für spätere Lebensjahre bedarf es aber eines Zusatzes von Stärke und Eiweiß, besonders auch von Salzen. — Auch für den Menschen, der nicht mehr wachsen, sondern leistungsfähig erhalten werden soll, bleibt die Milch ein vorzügliches Nahrungsmittel, zu dem sich leicht Zusätze machen lassen, die den verschiedenen Leistungen, welche vom Körper verlangt werden, entsprechen: So ist das übliche Zusammenkochen der Milch mit Mehl oder Reis, vom Standpunkt der

---

Übertrag:	11,52 %
Nährsalze	0,75 %
Wasser	87,28 %
Unverdauliche Stoffe . . .	0,45 %
Insgesamt	100,00

Ernährung, völlig richtig, weil die Milch nur Fett und Zucker, aber keine Stärke (wie im Mehl und Reis) enthält. Diese Stärke ist in Form von Mehl und Reis leicht zu beschaffen, und beide Stoffe geben mit Milch eine schmackhafte Speise. Nur muß man, um ein richtiges Verhältnis herzustellen, dafür sorgen, daß es nicht an Eiweiß fehlt, weil sonst die Speise nicht nahrhaft genug sein würde.

Für den Milchausschank kommt, neben der Vollmilch, auch die Magermilch in Betracht. Sie wird auch „Fettlosmilch" genannt, weil sie bei der Rahm- und Buttergewinnung, für die das Fett aus der Vollmilch ausgeschieden werden muß, in Mengen übrig bleibt und bisher als wenig geschätztes Überbleibsel meist zur Aufzucht des Jungviehs verwendet wird.

Von ihr sagt Ökonomierat Plehn:

> Viele Menschen sehen das Fett als den wertvollsten Bestandteil der Milch an. — Das ist aber keineswegs ohne weiteres richtig. Das trifft nur zu, wenn man die Milch kauft, um Butter daraus herzustellen. Für die Ernährung selbst ist das Eiweiß bedeutend wertvoller als das Fett. Die Magermilch, etwa zum halben Preise der Vollmilch erhältlich, kann daher, mit großer Geldersparnis, in vielen Fällen die Vollmilch nicht nur ersetzen, sondern auch einen Ansatz überflüssigen Fettes beim Menschen zum Schwinden bringen.

Dr. Herz in München, staatlicher Konsulent für Milchwirtschaft in Bayern, einer der Führer in der Milchbewegung, äußert sich über Vollmilch und Magermilch[1]:

> Magermilch ist die möglichst vollständig entrahmte und von den kleinsten Schmutzteilchen befreite Milch, welche nur mehr ganz wenig Fett, sonst aber alle Nährstoffe der Vollmilch enthält und, außer dem Fettgehalt, allen an die Milch gestellten Forderungen genügen muß. Das Butterfett hat zwar den höchsten Verkaufspreis, kann aber in seinem Nährwert durch Zucker, Stärke, Kartoffeln, Mehl, Brot usw. ersetzt werden. Nur für die Ernährung ganz kleiner Kinder ist die Magermilch (weil fettlos) nicht geschaffen.

Tatsächlich ist aber auch rohe Vollmilch — reichlich und ohne Imbiß getrunken — schwer verdaulich, um so mehr, je weniger die Verdauung

---

[1] Besonders beachtenswert sind seine zwei Schriften: Milch, Butter, Käse, 1906; und: Die Milch und ihre Erzeugnisse für die Volksernährung 1911; beide von der Deutschen Landwirtschafts-Gesellschaft, Berlin SW., Dessauer Straße 14, veröffentlicht und zu weitester Verbreitung berufen.

des Milchtrinkenden durch Anstrengungen und körperliche Bewegung unterstützt wird.

Ein oder mehrere Gläser Vollmilch sind ein treffliches Labsal, eine einzig dastehende, anders kaum zu ersetzende Stärkung für diejenigen Leute, die sich in anstrengender, nicht seßhafter Beschäftigung befinden, ohne hierbei übermäßig schwitzen zu müssen. Ist letzteres der Fall, so stärken sie sich zweckmäßig mit reichlichem Genuß von Magermilch. Ihr starkes Schwitzen, ihre große Abgabe von Flüssigkeit aus dem Körper in der Form von Schweiß verlangt sofort Ersatz durch ein flüssiges, stark wasserhaltiges Nahrungs- und Erfrischungsmittel, das sich rasch wieder „ausschwitzen" lassen muß. Zu solcher „verdampfenden" Nahrung eignet sich die leicht verdauliche, den Körper schnell durchkreisende Magermilch besser als die Vollmilch. Beide sind nahrhaft, stärkend und erfrischend; ihre Verdaulichkeit ist verschieden.

Magermilch ist das Getränk der Arbeiter, deren Beschäftigungen besonders schweißtreibend sind, oder deren Arbeitsstätten schon an sich hohe und höchste Wärmegrade aufweisen. Die Heizer an den Kesseln der Dampfschiffe, Arbeiter vor den Öfen unserer Eisen- und Glaswerke werden beständig schwitzen und sollten darum oft zur Magermilch greifen. Ja, diese selbst kann und muß bisweilen noch verdünnt werden, auch da, wo sie reichlichst zur Verfügung steht und sonst auch reichlichst getrunken wird, so u. a. bei den Feldarbeiten, wo an heißen, besonders schweißtreibenden Tagen — keineswegs aus Sparsamkeit, vielmehr vorsichtshalber — auch die Magermilch den Arbeitern zum Trinken nur verdünnt gereicht zu werden pflegt.

Die verschiedenen Milcharten vergleichsweise zu besprechen, hat für den öffentlichen Ausschank um so mehr Wert, je größer die Auswahl bei ihm ist. Zur Vollmilch gesellt sich gern die auch als Haustrank so beliebte B u t t e r m i l c h, von der die Zeitschrift „D e r M i l c h a u s s c h a n k"[1] Näheres an die Hand gibt.

Ob die Milch kalt, oder warm getrunken werden soll, kann sich in den Milchhäuschen insofern nach dem Gutdünken der Gäste entscheiden, als dort, auch an den heißesten Sommertagen, immer auch warme Milch vorhanden ist. Eiskalt schmeckt sie zu der Zeit aller-

[1] Auf diese Auskunftsquelle sei hier verwiesen angesichts einer Fülle von Einzelfragen und erwünschten Antworten, die im Text der Schrift selbst zu geben, durch den beschränkten Raum verwehrt ist, während jene Monatsschrift (siehe Literatur) wißbegierige Leser kaum in einem ihrer Zweifel und Erkundigungen im Stiche lassen wird.

dings vorzüglich, jedenfalls höchst pikant, ist aber so gefährlich, daß sie den Magen mit einem Schlage zeitlebens verderben kann. Kalt läßt sie sich zur Not von starkem Magen vertragen, wirkt aber minder gut, als wenn sie etwas angewärmt genossen wird.

Vor heißer, glühend heißer Milch sei, wie vor der übermäßigen Kälte, gewarnt. Um so eindringlicher als manche Gäste damit geradezu einen Sport treiben und ihre Milch kaum heiß genug heruntergießen können.

Das wäre weniger schlimm, wenn solcher Feuertrunk immer drunten im Magen bereits Nahrung vorfände; wenn er nicht, wie doch so oft, die nackten Magenwände angreifen und verbrennen könnte.

Daher bieten wohl alle Milchschankstellen für Gäste, welche ihr Butterbrot oder sonst etwas Eßbares nicht mitbringen, zur Milch einen Imbiß, ein Backwerk: ein Stück wohlfeilen Hausmannskuchen, Brötchen, Zwieback und die als Zukost vorzüglich sich eignenden Cakes, auf gut deutsch „Knusperchen" genannt. Sie bieten, wie die Milch, auch dies Backwerk zu mäßigem Preise an, weil in seiner Begleitung die Milch jedenfalls besser bekommt, gesundheitlich zu vollerer größerer Wirkung gelangt, als wenn sie kalt, lau oder warm, auch eiskalt oder glühendheiß den Weg nach unten allein antritt und sich im Magen als eine Art von Ballast den Platz vorwegnimmt.

Ein derartiger Imbiß hat auch den Wert, daß er die Milch nicht so schnell, nicht so hastig trinken läßt; daß die Milch, mit ihm vermischt, nicht mit einem Zuge hinuntergejagt wird, sondern mit der Zukost vermischt langsam und bedächtig ihrem Nährzweck zustrebt.

Übrigens belehrt über derartige Verhaltungsregeln den Milchgast auch seine Umgebung. Er ist ja fast nie allein in dem Schankraum, sondern hat Mittrinkende um sich her. Die Geselligkeit weckt ihm mehr Durst — der ja beim Milchgenuß durchaus nicht als etwas Verwerfliches anzusehen ist! — sie verleiht seinem Milchtrinken mehr Lust und Behagen und daher auch mehr gesundheitlichen Wert. Da fliegen Worte und ein frohgemuter Zutrunk, manch scherzhaftes „Wohlbekomm's!" hin und her. — Wie man Milch trinken soll, lernt sich hier ebenso gut, jedenfalls aber für eine weit größere Zahl von Menschen und darum der Volksgesundheit mehr nutzend als in den eigentlichen „Milchkuranstalten", denen als den weit älteren Schwestern ihr beschauliches Wirken und Gedeihen nicht mißgönnt sei!

Rückblick und Ausschau auf den öffentlichen Milchausschank.

Die Entwicklung des öffentlichen Ausschanks der Milch, der unter den Wohlfahrtseinrichtungen als Neuling vorgetreten ist, hat uns nichts Sprunghaftes gezeigt. Sein Werdegang ist, wie das Wachstum gesund geborener und regelrecht gepflegter Geschöpfe, so verlaufen, wie es einem in den Lauf der Welt passenden, jungen Gebilde zukommt. Der Ausschank hat sich im Stamm mit den Jahresringen, den Zwölfmonatszeiträumen, laut Bericht in sich gekräftigt und in den Ästen ausgestreckt. Bei der Verzweigung ist ihm freilich von den Zweigen mancher abgestreift worden, das Wachstum des Stammes und der Äste aber nicht geschädigt worden.

Das lag, um vom Bilde zum Dinge zurückzukehren, auch daran, daß der öffentliche Milchausschank für Ratschläge empfänglich und belehrbar war. Daß er, in den Lauf der Welt unter die Menschen, ja, inmitten ihres stärksten Verkehrs gestellt, sich von ihnen, ihrem Zuspruch und Fernbleiben, von dem guten und stärkeren und von dem schwächeren Besuch wie auch von andern Wahrnehmungen im Betriebe belehren ließ, ob dieser durchweg richtig oder ob in Einzelheiten zu ändern war.

Hat der Milchausschank seinerseits die Leute das Milchtrinken gelehrt, so haben sie ihm gezeigt, wie er sich zu verhalten und auszugestalten hatte, um möglichst viele „Schüler und Schülerinnen" auf den Stühlen und Bänken des Ausschankraums zu versammeln. Das Verhältnis der Milchspender zu den Milchtrinkern kann nach meinen Beobachtungen freundschaftlich, es soll ein herzliches Einvernehmen sein. Die Gäste sollen sich in den Häuschen zu Hause fühlen; sie sollen sich ihr „Straßenheim" mit Wünschen und Vorschlägen so heimisch wie nur möglich zu machen suchen. Für ihre Anregungen wird eine weitschauende Betriebsleitung dankbar sein, die Gastgeberin wird von den Gästen lernen.

Bei der weitaus größten deutschen Milchausschank-Gesellschaft, der Gemeinnützigen Gesellschaft für Milchausschank in Rheinland und Westfalen mit dem Sitz in Düsseldorf, veranschaulicht sich das Wachstum am besten, wenn man die Zahl der Milchausschankstätten in den Jahren 1905 und 1913 gegenüberstellt:

Betriebsorte der gemeinnützigen Gesellschaft für Milchausschank in Rheinland und Westfalen.

Städte	Zahl der Milchhäuschen im Mai 1905	Milchausschankstellen am 31. Dezember 1913.			
		Gesamtzahl 1913	Davon		
			eigene Häuschen	gemietete Häuschen	Milchtrinkläden
Aachen-Burtscheid	3	15	9	3	3
Altena i. W.	—	1	1	—	—
Alteneſſen	—	1	1	—	—
Annen i. W.	—	1	1	—	—
Barmen	—	8	7	—	1
Benrath	—	2	2	—	—
Beuel	—	1	1	—	—
Bielefeld	—	7	6	1	—
Bochum	—	1	—	—	1
Bonn a. Rh.[1]	1	5	5	—	—
Bottrop	—	1	1	—	—
Bruckhausen	—	1	1	—	—
Buer i. W.	—	2	2	—	—
Coblenz	—	5	2	3	—
Cöln	—	23	7	—	16
Crefeld	1	10	6	1	3
Cronenfeld	—	1	1	—	—
Darmstadt	—	1	1	—	—
Dieringhausen	—	1	1	—	—
Dortmund	4	9	8	1	—
Düren	—	3	3	—	
Durlach	—	1	1	—	—
Düſſeldorf	8	16	13	2	1
Duisburg	—	6	2	—	4
Elberfeld	—	4	4	—	—
Eſſen (Ruhr)	8	16	16	—	—
Eßlingen	—	1	1	—	—
Frankfurt a. M.	—	15	1	—	14
Gelſenkirchen	1	6	6	—	—
Gladbeck i. W.	—	1	1	—	—
Gummersbach	—	1	1	—	—
Hagen i. W.	—	1	1	—	—
Hamburg	—	3	2	—	1
Hamm i. W.	—	1	1	—	—
Hanau	—	3	2	1	—
Haſpe i. W.	—	1	1	—	—
Herne i. W.	—	2	2	—	—
Hilden	—	1	1	—	—
Höchſt a. M.	—	2	2	—	—
Hörde i. W.	—	1	1	—	—
Übertrag	26	181	125	12	44

[1] In Bonn befinden ſich fünf Milchhäuschen und ein Milchtrinkladen, die nicht der Rheiniſch-Weſtfäliſchen Geſellſchaft, ſondern ausſchließlich der in Bonn anſäſſigen Deutſchen Geſellſchaft für gemeinnützigen Milchausſchank unterſtellt ſind.

Fortsetzung.

Städte	Zahl der Milchhäuschen im Mai 1905	Milchausschankstellen am 31. Dezember 1913. Gesamtzahl 1913	Davon eigene Häuschen	Davon gemietete Häuschen	Davon Milchtrinkläden
Übertrag	26	181	125	12	44
Immigrath	—	1	1	—	—
Iserlohn	—	1	1	—	—
Kalk	1	—	—	—	—
Karlsruhe	—	2	2	—	—
Königswinter	—	2	2	—	—
Leipzig	—	2	2	—	—
Lennep	—	1	1	—	—
Limburg a. d. L.	—	1	1	—	—
Ludwigshafen	—	1	1	—	—
Mainz	—	1	—	—	1
Mannheim	—	4	4	—	—
Merscheid	—	1	1	—	—
Mülheim (Rhein)	3	5	4	—	1
Mülheim (Ruhr)	3	3	3	—	—
Münster i. W.	—	1	1	—	—
Minden	—	2	2	—	—
Neuß	—	1	1	—	—
Nied	—	1	1	—	—
Oberhausen	1	2	2	—	—
Offenbach	—	1	1	—	—
Ohligs	—	1	1	—	—
Opladen	—	1	1	—	—
Pforzheim	—	2	2	—	—
Ratingen	—	1	1	—	—
Rath b. Düsseldorf	1	—	—	—	—
Recklinghausen	—	1	1	—	—
Remscheid	—	2	2	—	—
Ruhrort	—	6	6	—	—
Saarbrücken	—	4	3	—	1
Schlebusch	—	1	1	—	—
Siegen	—	1	1	—	—
Solingen	—	4	3	—	1
Stolberg (Rhld.)	—	1	1	—	—
Trier	—	1	1	—	—
Vohwinkel	—	1	1	—	—
Wahn	—	2	2	—	—
Wald	—	1	1	—	—
Wanne i. W.	—	2	2	—	—
Wattenscheid	—	1	1	—	—
Weyer	—	1	1	—	—
Werne	—	1	1	—	—
Wetzlar	—	1	1	—	—
Wiesbaden	—	4	3	—	1
Witten (Ruhr)	—	2	2	—	—
Zwickau	—	2	2	—	—
Insgesamt	35	258	197	12	49

Ende des Jahres 1913 waren demnach vorhanden:

197 eigene Häuschen,
49 gemietete Läden,
12 gepachtete städtische Pavillons

Zusammen **258**.

Außer diesen war noch die Säuglingsmilchanstalt in Herne gepachtet.

Unterverpachtet waren 26 Häuschen, 1 Pavillon, 1 Säuglingsmilchanstalt.

Demnach werden in eigner Regie betrieben 258 – 28 = 230 Ausschankstellen.

Vorübergehend und hauptsächlich im Winter geschlossen waren 8 Häuschen und 2 Pavillons.

Wie dem Jahresbericht der Gesellschaft für 1913 zu entnehmen ist, wurden aufgegeben im Berichtsjahre 14 Schankstellen, darunter einige Läden, deren Mietvertrag nicht verlängert werden konnte. Neu hinzugekommen sind 45 Schankstellen, so daß ein Mehr von 29 Schankstellen verbleibt. Die Gründe zur Aufgabe der betreffenden Häuschen sind durchweg in behördlichen Maßnahmen zu suchen: Zumeist waren es Plätze, welche anderweitig benutzt werden sollten. Besonders unangenehm machte sich die Notwendigkeit der Versetzung bei Häuschen auf lebhaft besuchten Plätzen bemerkbar; in den meisten Fällen sind es die besten Plätze, welche — aus Verkehrsrücksichten — preisgegeben werden müssen. In letzter Zeit ist es aber auch vorgekommen, daß ein Häuschen entfernt werden mußte, weil es (das alte Häuschen) dem Standplatze ein unschönes Aussehen gab. Die Stadtverwaltungen sehen scharf darauf, daß die Häuschen der Umgebung in architektonischer Hinsicht Rechnung tragen. Solche neuen Häuschen werden dann allerdings erheblich teurer als die in den ersten Jahren errichteten. Weil nun die Häuschen durch mehrmaliges Versetzen erheblich Schaden leiden, ferner auch die Anschlüsse von Gas und Wasser, vielfach auch Kanalanschluß neu gelegt werden müssen, ist eine starke Abschreibung dieser beiden Posten stets erforderlich.

Die große Mehrheit der Schankstellen wird als öffentlicher, d. h. als Straßenausschank betrieben. Die Benutzung der Schankstellen war im ganzen gut, jedoch nicht so rege wie in den beiden letzten Jahren vorher. Man darf dies unbedenklich auf die wenig günstigen Erwerbsverhältnisse zurückführen, weil in den Städten, wo die Industrie besser beschäftigt war, der Ausfall sich nicht, oder nur ganz wenig bemerkbar machte. Einen erheblichen Ausfall hatten die Städte des Wuppertales Elberfeld und Barmen, dann aber auch Krefeld und Aachen und in dem letzten Halbjahr die süddeutschen Städte Frankfurt a. M., Mannheim, Karlsruhe und Pforzheim. — Vielfach sind aber auch die Gründe der geringeren Benutzung unserer Schankstellen in den immer mehr sich einbürgernden Privatausschankstellen zu suchen. Diese Privatausschankstellen mehren sich von Tag zu Tag. Manche gehen wegen mangelnden Zuspruchs in kurzer Zeit wieder ein, andere verstehen es aber, durch Verkauf aller möglichen Artikel, namentlich Speiseeis, sich über Wasser zu halten.

Der Ausschank von Milch in den überall vorhandenen Selterswasserhäuschen hat sich so verallgemeinert, daß man dieselben auch im Winter überall geöffnet findet. Wird in den einzelnen Häuschen auch nur wenig Milch verkauft, so wird — bei der großen Zahl dieser Schankstellen — doch ein großer Teil des Bedarfs in den Häuschen gedeckt. In den Industriestädtchen stehen fünf bis sechs solcher Häuschen an Plätzen, wo man kaum ein Milchhäuschen findet. Wir können das Vorgehen der Schankstellenbesitzer nur begrüßen; denn erfahrungsgemäß erhöht sich der Bedarf mit dem erhöhten Angebot.

Als Werkausschank kommen für uns nur acht Schankstellen in Betracht, und zwar bei der Rheinischen Metallwaren- und Maschinenfabrik in Düsseldorf drei Häuschen, auf dem Hüttenwerk Phönix in Ruhrort drei Häuschen, bei der Firma Theodor Wuppermann in Schlebusch ein Häuschen; von dort werden auch die Arbeiter der Sprengstoff-Aktiengesellschaft an demselben Platze mit Milch versorgt. Ferner steht bei der Firma Kortenbach & Rauh in Weyer bei Ohligs ein Häuschen. In den beiden letztgenannten Häuschen wird die Milch nur in Flaschen an die Werkarbeiter abgegeben. Die Flaschen sind mit Pappverschluß abgedichtet. Wenn auch die Unkosten bei dieser Art des Ausschankes sich etwas erhöhen, so wäre es doch wünschenswert, wenn diese Art des Milchausschankes sich weiter ausbauen ließe. Manche Werke geben auch aus ihrem Wohlfahrtsfonds Zuschüsse zu den Milchausschankbetrieben, wenn sie dieselben in eigener Verwaltung haben. Dies läßt sich aber auch dort ermöglichen, wo der Ausschank durch die Gesellschaft betrieben wird: Beispielsweise zahlen die Firma Kortenbach & Rauh und Theodor Wuppermann in Schlebusch auch solche Zuschüsse, und zwar geschieht dies in der Weise, daß die von der Gesellschaft gelieferte Milch zum vollen Preise von 24 Pf. das Liter bezahlt wird, dem Arbeiter dagegen wird nur der Betrag von 20 Pf. abgenommen.

Im vergangenen Jahre wurde an einzelnen Orten: Köln, Krefeld, Aachen der Verkaufspreis der Milch von 28 Pf. auf 25 Pf. zurückgesetzt.

An ein weiteres Zurückgehen der Verkaufspreise ist in Anbetracht der fortlaufend sich steigenden Betriebsunkosten nicht zu denken.

An der Steigerung der Geschäftsunkosten sind in erster Linie beteiligt das Lohnkonto, welches sich von 222 733,88 Mk. auf 259 495,11 Mk. erhöhte. Kleine Lohnaufbesserungen, namentlich der älteren Verkäuferinnen, waren dringend notwendig. Diese Ausgabe, in Verbindung mit der Einstellung einer größeren Anzahl von Bedienungspersonal, erforderte den Mehraufwand von 36 761,23 Mk.

Dasselbe Bild ergibt das Konto „Mieten". Hier steigerte sich die verausgabte Summe von 63 873,54 Mk. auf 72 886,60 Mk., also um den Betrag von 9 013,06 Mk. Verursacht wurde die Mehrausgabe durch Neumietung von Plätzen und die Steigerung der Mietbeträge in einzelnen Fällen.

Das Konto der allgemeinen Unkosten hat sich ebenfalls um 24 099,60 Mk. erhöht und zwar auf den Gesamtbetrag von 104 725,67 Mk. Diese Steigerung ist, neben der Erhöhung der Anzahl der Schankstellen, auf die, durch den Milchversand verursachten Milchfrachten zurückzuführen, welche bekanntlich in den vorhergehenden Jahren nicht in die Erscheinung getreten sind.

Das Konto Steuern und Abgaben ist um 5 965,49 Mk. auf die Gesamtsumme von 20 252,36 Mk. angewachsen.

Allerdings stehen diesen gesteigerten Ausgaben vergrößerte Einnahmeposten gegenüber. Die Ergebnisse des Warenkontos steigerten sich um 43 660,64 Mk. auf den Gesamtbetrag von 608 240,89 Mk. Der Überschuß reicht aus, um angemessene Abschreibungen vorzunehmen und einen kleinen Gewinnsaldo dem Reservefonds zu überweisen.

Der Gesamtverbrauch an Milch belief sich im Betriebsjahre auf 4 930 913 Liter, gegenüber dem Vorjahre ein Mehr von

143 516 Liter. Dieses Mehrquantum ist auf die Vermehrung der Schankstellen zurückzuführen. Vergleicht man die Zahl der neu hinzugetretenen Schankstellen mit dem Mehrquantum, so ersieht man ohne weiteres, daß der Durchschnittsverbrauch der einzelnen Häuschen sich etwas verringert hat.

In nachstehender Zusammenstellung folgen die Verbrauchszahlen nach Monaten geordnet:

Monat	Liter Milch	Kisten Cakes (zu 300 Paketchen)	Kisten Waffeln (zu 200 Paketchen)
Januar	394 043	576	394
Februar	387 067	563	445
März	404 891	558	432
April	405 482	679	434
Mai	404 482	662	497
Juni	406 817	325	365
Juli	426 600	667	389
August	443 373	663	407
September	420 855	600	411
Oktober	439 320	606	434
November	400 481	520	428
Dezember	397 502	351	386
Insgesamt	4 930 913	6 770	5 022

Der Verkaufswert der Milch betrug, einschließlich der an die Molkerei Wassenberg angelieferten, 1496692,97 Mk. Der Verkaufswert an Backwaren betrug 589 372,62 Mk., davon entfallen auf Cakes 104 550 Mk., auf Waffeln 50 220 Mk., auf andere Backwaren, Königskuchen, Brötchen, Zwieback usw. 434 602,62 Mk.

Die Zahl unserer Gäste betrug etwa 20 Millionen.

Die Verbrauchszahlen auf die einzelnen Schankstellen zu verteilen, würde zu weit führen. Der Zuspruch ist eben, entsprechend den Standplätzen der Häuschen wie auch der Lage der Läden, grundverschieden.

Geöffnet sind die Häuschen von früh bis spät, in der Regel von 5 Uhr morgens bis 9 Uhr abends. Bei der langen Arbeitszeit sind zur Bedienung der Schankstellen stets zwei Personen erforderlich. Vorzugsweise werden Witwen oder sonst alleinstehende, erwerbsschwache Frauen berücksichtigt. Männer sind nur in ganz vereinzelten Fällen beschäftigt und dann meistens halbinvalide.

Schließlich ist noch die auf Rechnung der Gesellschaft betriebene Molkerei Wassenberg zu erwähnen.

Die Milchanlieferung und die hierfür gezahlten Beträge betrugen 1913:

Monat	Gesamtmenge Liter	Gezahlter Gesamtbetrag Mk.
Januar	66 439	9 062,40
Februar	79 040	10 752,62
März	101 264	13 558,64
April	123 150	16 329,69
Mai	167 854	21 595,30
Juni	171 827	22 038,53
Juli	203 315	25 492,70
August	218 178	27 985,72
September	206 336	26 803,70
Oktober	212 511	27 737,45
November	188 887	24 657,93
Dezember	185 602	24 022,94
Insgesamt	1 924 403	250 037,62

Milchversand ab Wassenberg:

Monat	Milchversand ab Wassenberg				Stadtverkauf Wassenberg Liter
	Düsseldorf Liter	Aachen Liter	Duisburg Liter	Barmen Liter	
Januar	35 600	21 100			934
Februar	49 060	19 340			1 815
März	65 760	21 460			2 162
April	72 320	22 110	7 680	2 000	1 650
Mai	76 140	23 060	800	1 250	1 477
Juni	74 820	21 360			1 466
Juli	82 460	22 420			1 594
August	89 940	24 160			1 765
September	102 300	21 400			1 619
Oktober	97 360	25 700			1 688
November	87 120	39 820			1 863
Dezember	88 660	38 300			2 104
Insgesamt	921 540	300 230	8 480	3 250	20 137

Es ergibt sich demnach ein Milchverkauf von zusammen 1 253 637 Liter; der sich ergebende Rest von 670 766 Liter Milch wurde zu Butter verarbeitet. Die Magermilch wurde an die Lieferanten zurückgegeben.

Der Bericht der Gesellschaft für gemeinnützigen Milchausschank in Rheinland und Westfalen für 1913 schließt mit folgenden Worten: „Zum Schlusse gedenken wir in Dankbarkeit aller Mitarbeiter, welche direkt oder indirekt unsere Sache gefördert haben. Vor allen Dingen gedenken wir der Behörden und Verwaltungsstellen, welche in uneigennütziger Weise uns Plätze zur Aufstellung von Milchschankstellen zur Verfügung gestellt haben. Des weiteren gedenken wir besonders mit Dank der Männer, welche im März 1904, also vor nunmehr 10 Jahren hier in Düsseldorf tagten, um den Grundstein zu unserem Unternehmen zu legen. Es galt damals vorerst den Gedanken, einen öffentlichen, gemeinnützigen Milchausschank einzurichten, eingehend zu prüfen. Das Ergebnis war günstig, der Gedanke wurde für wert befunden, in die Tat umgesetzt zu werden; und man hat ihn in die Tat umgesetzt mit dem heute vor unsern Augen stehenden Erfolge. Der Milchausschank und mit ihm das Milchtrinken hat Schule gemacht, und wir dürfen stolz sein, an der Durchführung dieses Gedankens bis heute mitgearbeitet zu haben. Tatsächlich gibt es heute in Deutschland kaum noch eine größere Stadt, wo nicht auf öffentlichen Plätzen in irgendeiner Form Milch zum Ausschank gelangt; ebenfalls gibt es kaum ein industrielles Unternehmen größeren Stils innerhalb unserer deutschen Grenzen, welches nicht unter seinen Wohlfahrtseinrichtungen den Milchausschank an die Arbeiter als wesentlichen Zweig aufgenommen hätte.

So wäre nun innerhalb unserer 10jährigen Tätigkeit eine Grundlage geschaffen worden, auf welcher[1], im Interesse der Bekämpfung des übermäßigen Alkoholgenusses, mit Erfolg weiter gearbeitet werden kann. Viel bleibt noch zu tun, namentlich ist der Milchausschank in den Schulen noch bedeutend zu heben. Wir werden uns in dieser Hinsicht wohl auf eine beratende und werbende Tätigkeit beschränken müssen. Wir müssen uns dies aber auch zur Aufgabe machen, denn die Zukunft gehört der heranwachsenden Generation, und diese zu tatkräftigen und den Widerwärtigkeiten Trotz bietenden Staatsbürgern zu erziehen, soll eine unserer vornehmsten Aufgaben sein zum Wohle und Ruhme unseres deutschen Volkes."

[1] Hier fehlt das Wörtchen „auch". — Es ist eine Herabsetzung des Milchausschankes, wenn man in ihm, der selbst so urgesund und daher den gesunden Leuten zugedacht ist, vorab ein Kampfmittel gegen den übermäßigen Alkoholgenuß erblickt und daraus seinen Hauptwert ableitet.

Wandlungen in der Volksernährung.

Die Rheinisch-Westfälische Milchausschank-Gesellschaft hat, wie wir sehen, die ihr im Namen gesteckte Begrenzung weit überschritten. Von dem Ausgangspunkte, den beiden westdeutschen Landesteilen, hat sie im Norden in Hamburg, nach Südosten in Zwickau und im Süden bis nach Pforzheim und Eßlingen hin Vorposten aufgestellt als ein Zeichen, daß auch die zwischenliegenden Gebiete allmählich — von ihr oder andern — mit Milchhäuschen zu besetzen sind. Sagt sie freilich, daß es heute in Deutschland kaum noch eine größere Stadt gibt, wo nicht auf öffentlichen Plätzen in irgendeiner Form Milch zum Ausschank gelangt, so darf das nicht so verstanden werden, als ob der Ausschank überall organisiert sei. In Bayern ist unsere Darbietung der Milch nicht, in Württemberg spärlich organisiert. Planmäßiges, durchgreifendes „Vorgehen" fehlt in den nördlichen und nordöstlichen Provinzen Hannover und Schleswig-Holstein, in Pommern, Westpreußen und Ostpreußen trotz der hier erschreckend herrschenden Schnapspest; in der Provinz Sachsen und in Thüringen überhaupt. Berlin hat weniger Milchschankstellen als Köln. Der Ausschank von Milch in irgendeiner Form besagt mancherorts nur, daß auch dort organisatorisch vorgegangen werden könnte, der Ausschank also planmäßig errichtet werden müßte.

Trotzdem ist es eine mächtige, weitausgreifende Entwicklung, die allen an ihr Beteiligten, von den Urhebern bis zur gegenwärtigen Gesellschaftsleitung, zur Ehre gereicht und die es auffällig erscheinen läßt, wenn neben diese größte die kleinste Milchgesellschaft wettbewerbend tritt.

Ich will sie dennoch vortreten lassen. Die „Wandlungen in der Volksernährung" können mit den zwei Beispielen gut eingeleitet und veranschaulicht werden.

In jüngster Zeit, am 28. März 1914, demselben Tage wie ihre ältere Schwester in Düsseldorf, hat die Deutsche Gesellschaft für gemeinnützigen Milchausschank in Bonn unter der Leitung ihres ersten Vorsitzenden Dr. jur. Georgi die diesjährige Gesellschafter-Versammlung abgehalten.

Am 30. April 1908 auf meine Anregung konstituiert, sollte sie, um auf die Angaben früherer Berichte zurückzugreifen, in dem jetzt sechsjährigen Bestehen Mannigfaches erleben und wirken, das zweckverwandten Unternehmungen zur Lehre dienen mag und aus der Milchbewegung unserer Zeit nicht mehr ausgeschaltet werden kann.

Anfänglich ausersehen, den gemeinnützigen, öffentlichen Ausschank, der heute zu den allbekannten, volkstümlichsten Wohlfahrtseinrichtungen gehört, in ganz Deutschland zu verbreiten, d. h. ihn neben den, auf einzelne Landesteile sich beschränkenden Unternehmungen, durchweg einzurichten, mußte sie die Aufgabe bald als zu umfangreich erkennen und darauf Verzicht leisten.

Trotzdem ist auch diese Tätigkeit nicht fruchtlos gewesen. Die „Deutsche Gesellschaft“, wie sie hier kurz genannt sei, scheint in einer Hinsicht vom Schicksal begünstigt zu werden: Ihr Vorgehen weckt, wenn es auch bei ihr auf Einzeltaten hier und dort sich beschränkt, dennoch draußen die Nachfolge und läßt neue Unternehmungen mit starkem eigenen Vorgehen zu lebensfähigen Gebilden sich ausgestalten.

So sind von der Deutschen Gesellschaft „in ganz Deutschland“ drei Milchhäuschen errichtet worden: Für den Osten je eins in Berlin, der Ausschank vor dem Stettiner Bahnhof; und eins in Waldenburg (in Schlesien); für Mitteldeutschland das dritte in Kassel. Letzteres wurde später von der Rheinisch-Westfälischen Gesellschaft bei ihrem Vorgehen nach der Provinz Hessen-Nassau übernommen; während sich für Brandenburg und für Schlesien aus jenen „Vorposten-Häuschen“ selbständige, der Deutschen Gesellschaft die Anregung dankende Gesellschaften gebildet haben[1].

Inzwischen hatte die Deutsche Gesellschaft, nachdem sie unter geldlichen Opfern eine fruchtbare Aussaat in die Ferne getragen, sich „auf sich selber besonnen“. An ihrem Gesellschaftssitz nahm sie eine Anzahl von der Düsseldorfer Gesellschaft errichteter Vollmilchhäuschen in Pacht und eröffnete selbst vier Milchtrinkläden für den Ausschank von Magermilch.

Wiederum eine Neuerung, ein Vorgehen, das aber diesmal nicht den Vollmilchausschank räumlich ausdehnte, nicht ihn in die Ferne trug, vielmehr eine andere Milchart, das „Abfallprodukt“ der

[1] In Berlin der Gemeinnützige Verein für Milchausschank zu Berlin (E. V.), der sich zu einer Gemeinnützigen Gesellschaft für Milchausschank in der Provinz Brandenburg m. b. H. erweitern soll, unter dem Geh. Kommerzienrat Conrad v. Borsig und Frau Gerken-Leitgebel als der Geschäftsführerin, deren Tätigkeit auch jetzt schon auf Städte der Provinz Brandenburg übergegriffen hat; in Breslau die Schlesische Gesellschaft für gemeinnützigen Milchausschank, unter Dr. Kurt v. Eichborn, mit erfolgreichem Wirken am Gesellschaftssitz und u. a. im oberschlesischen Industriebezirk.

Frischmilch oder Vollmilch, neben dieser, in den Ausschank brachte. Hierbei hat dann, aller Überlieferung zum Trotz, die fettlose, bisher überwiegend an die Tiere verfütterte Magermilch sich auch als gut verkäuflich an die Menschen zu Haushaltszwecken und als Trinkmilch erwiesen.

Ihre dauernde Einführung ist in Bonn nur an dem Umstand gescheitert, daß die Magermilch, weil ohne Fett, weniger widerstandsfähig ist und daher einen halbtägigen oder auch nur mehrstündigen Versand vom Orte der Gewinnung bis zum Orte des Verzehrs, von der Butterei zur Schankstelle, vor allem an gewitterschwülen und heißen Tagen nicht verträgt. Sie trifft schon angesäuert ein und ist dann nicht mehr verkäuflich. — Wäre die Magermilch in Bonn selbst aus einer Molkerei stets frisch erhältlich gewesen, so hätte sie sich ihre Kundschaft erhalten. Eine dankbare Kundschaft, voll Anerkennung, daß ihr, zum halben Preise der Vollmilch, ein Nahrungsmittel geboten werden sollte, welches vielverwendbar und deshalb vielen Leuten willkommen war[1].

Der Bonner Ausschank der „Fettlosmilch" seitens der Deutschen Gesellschaft hat also nicht gegen diese Milchart gesprochen. Er hat im Gegenteil für ihre Verwendbarkeit und die Verkäuflichkeit von besonderen Schankstellen aus Zeugnis abgelegt; allerdings für eine seitens der Schankstelle ohne Zwischenzeit zu beziehende Milch. Sie bietet sich aber an so vielen andern Orten, in den Tausenden von Fällen, wo der Betriebsort von Milchschankstellen auch der Sitz von Molkereien ist, daß diese mit Freuden obige, für sie viel einträglichere Verwertung der Fettlosmilch aufgreifen werden.

Keine Neuerung und doch etwas, das sie von andern Betriebsorten scharf unterschied, zeigte die Deutsche (Bonner) Gesellschaft im Sommer 1911, als eine langwährende Trockenheit und Dürre sich zur Maul- und Klauenseuche gesellte, und in den drückend heißen, durch Monate sich hinziehenden Tagen, aus der immer knapper werdenden Milchgewinnung der Milchdurst nicht mehr gestillt werden konnte. Auch damals wurde in Bonn der Milchpreis: 6 Pf. für das $^1/_4$-Liter-Glas nicht erhöht.

Der andernorts erhöhte und dann auch über die Milchknappheit hinaus beibehaltene Preis hat dort, wie zu erwarten, von privater Seite und aus neu sich bildenden Gesellschaften eine nur auf den Geld-

[1] Siehe unter Literatur meine Schrift Magermilch oder Vollmilch?

verdienst ausgehende Konkurrenz geschaffen. Der Milchausschank ist in allen Fällen seiner ursprünglichen Bestimmung: öffentlich, aber in den Preisen auch gemeinnützig zu sein, entfremdet worden. Er wurde ein Geschäft wie der Brot- und der Fleischverkauf. In Bonn blieb er ohne Schwankung gemeinnützig[1].

Neuerung und Vorgehen müssen einen Ausgangspunkt, andererseits muß auch das sozial löbliche Beharren irgendwo seinen Stützpunkt haben. Die Deutsche Gesellschaft rühmt sich nicht, das „Milchland" bereits ausgeforscht und mit empfehlenswerten Einrichtungen erschöpfend bedacht zu haben.

Die „Frischmilch am Wege!" hat, freilich auch von der Deutschen Gesellschaft aus, sich als Aufruf auf den Weg gemacht. Sie schlägt als Frischmilch aber nicht den Weg vom Lande in die Städte ein. Das wäre die alte, längst begangene Straße, auf der unser bestes Nahrungsmittel von den ländlichen Ursprungsorten gewohntermaßen zu den städtischen Verbrauchern gelangt. Die Frischmilch am Wege

[1] Auch der Jahresbericht der Rheinisch-Westfälischen Gesellschaft äußert sich, wie oben aus dem Abdruck ersichtlich, zu der sich steigernden Konkurrenz: „Diese Privat-Ausschankstellen mehren sich von Tag zu Tag. Manche gehen wegen mangelnden Zuspruchs in kurzer Zeit wieder ein; andere verstehen es aber, durch den Verkauf aller möglichen Artikel, namentlich Speiseeis, sich über Wasser zu halten". — Weiter heißt es dort von den Selterswasserhäuschen, die jetzt vielerorts im Winter ebenso gut wie im Sommer Milch ausschenken und darum auch in der kalten Jahreszeit geöffnet bleiben: „Wir können dieses Vorgehen der Schankstellenbesitzer nur begrüßen; denn erfahrungsgemäß erhöht sich der Bedarf mit dem erhöhten Angebot".

Ich bin zu sehr ein Freund des Milchausschanks allein, der räumlich und sachlich alles andere von den Verkaufsgegenständen fernhält, um den Milchverkauf der Selterswasserhäuschen mit ihrem Außenausschank zu „begrüßen" und willkommen zu heißen, wenn ich mir auch sagen muß, daß wir vor solcher „Aneignung" unserer Ersteinrichtung weder durch Patent noch Monopol rechtlich geschützt sind.

Dagegen scheinen die von Tag zu Tag sich mehrenden Privat-Ausschankstellen auch von der Düsseldorfer Gesellschaft beklagt zu werden. Doch hat sie diese Wildlinge mitverschuldet. „Im vergangenen Jahre (1913) haben wir an einzelnen Orten Köln, Krefeld, Aachen den Verkaufspreis der Milch von 28 Pf. auf 25 Pf. zurückgesetzt". — Erstens ist das keine volle Zurücksetzung, denn diese würde, ohne das 1/5-Literglas zu 5 Pf. (25 Pf. das Liter) einführen zu müssen, zu dem früheren Maß und dem alten, billigsten Preis: 1/4 Liter zu 6 Pf. (= 24 Pf. das Liter) zurückgekehrt sein. Und zweitens ist auch jener Preisabschlag nur an einzelnen Orten vorgenommen worden. — Der Verkaufspreis von 28 Pf. für das Liter Milch, d. h. von 10 Pfennigen mehr als der Einkaufspreis der Gesellschaft betragen wird, muß aber — mit dem dann beim Ausschank verbleibenden, beträchtlichen Überschuß — die Privat-Ausschankstellen geradezu wie die Pilze aus dem Boden erstehen machen. Er ist also für eine gemeinnützige Gesellschaft nicht einmal praktisch empfehlenswert.

bleibt dort, wo sie von alters her gewonnen worden ist; wo sie jedoch — seltsamerweise — bisher an Ort und Stelle nur mühsam zu erhalten war. Mühsam wenigstens in dem glasweisen Ausschank, den die Stadtbewohner in ihren Milchhäuschen kennen gelernt haben. Sie fanden an ihm so viel Gefallen, daß sie nun, bei ihren Ausflügen aufs Land, dort die Milch erst recht in der Verabreichung vorfinden möchten; nicht nur in den für Milchgenuß so wenig günstig gesinnten Wirtschaften, vielmehr in den einzelnen, auch fern der Landstraße liegenden Bauernhöfen, die „Milch am Wege"!

Ihr verleiht die in unsern Tagen so eifrig betriebene Fürsorge um das heranwachsende Geschlecht, die Jugendpflege, mit den Wanderungen und Fahrten quer durchs Land und abseits der Straßen, als einem neuen Quell der Erfrischung auf dem Rastplatz und unterwegs erhöhte Bedeutung. Ränzel und Wanderstab werden der „Deutschen" für die neuen Ausschankstellen Dank wissen.

Ihr Gesellschaftsbericht wäre unvollständig, wenn er ihre Zeitschrift „Der Milchausschank" vergäße. Die von dem gemeinnützigen Unternehmen ausgehenden Dinge müssen, um draußen anzuregen und wirken zu können, von dem schildernden Wort einer Monatsschrift begleitet sein und weitergetragen werden.

Die Zeitschrift verdankt der Bonner Gesellschaft den Ursprung und ein Erscheinen während sechs Jahre, die bis heute reicher an Anerkennung waren als an geldlichem Erträgnis. Nun hat sich aber im Einverständnis mit der Deutschen Gesellschaft im Namen der Zeitschrift eine Änderung vollzogen. Sie trägt seit Anfang 1914 den Titel „Milch und Obst".

Ist denn wieder ein Nahrungsmittel im Anmarsch, das auch Volksnahrungsmittel werden will?

Es scheint so. Denn wenn die Früchte der Bäume und Sträucher sich dicht neben das ursprünglichste Lebensmittel stellen, so wollen sie seine Schicksalsgenossen, wollen an seinem Aufstieg in der Menschengunst der Fluggast sein. —

Man hat unserm Jahrhundert ein Kennzeichen, einen Inhalt geben wollen, der es von den vergangenen und den kommenden gleichlangen Zeiträumen unterscheidet, der seine Hauptaufgabe angibt, das Merkmal seiner Geistesströmung und vornehmsten Tätigkeit ist. So ist es als das Jahrhundert des Kindes bezeichnet worden, eine Zeitspanne der Vorsorge um größeren Nachwuchs und der Fürsorge um die ins Leben geborenen Sprößlinge. Andere erhoffen von ihm die Lösung der sozialen Frage, insoweit sie unter Menschen mit Schwächen und Leidenschaften verwirklichbar wäre; wieder andere die Beilegung und Ausscheidung der Völkerkriege durch internationale Schiedsgerichte. — Möge dieser edle Wettstreit der Aufgaben an anderm Orte auch durch Schiedsgerichtsspruch geschlichtet werden. Ich meine, daß dem zwanzigsten Jahrhundert auch das eine Merkmal zuerkannt werden muß: Es ist schon und wird in steigendem Maße das Zeitalter einer anderen, gesunderen, das Dasein verlängernden Lebensweise sein! —

Der Nachweis, die Beweisführung würden, eingehend geliefert, Bände beanspruchen; die Begründung sich, am Schlusse eines Sammelwerkes über die milchwirtschaftlichen Erzeugnisse, zu einem neuen Werk mit anderm Zweck und Namen ausgestalten.

Ich muß mich begnügen, eine Behauptung aufzustellen, die jeder Leser an sich und seiner Umgebung auf die Probe stellen mag. Er wird dabei noch recht viel Gesundheitswidriges wahrnehmen, aber doch auch unverkennbar, weil in den Fluten schon breit und hochgehend: die Strömung nach einer gesunderen Lebensweise.

Ich will dabei auf etwas aufmerksam machen, daß der Daseinsführung unserer Mitmenschen entnommen ist, zugleich aber mit dem Milchausschank in Verbindung steht und in seinem Betrieb sich kundtut.

Über die Schlechtigkeit der Menschen ist zu allen Zeiten geklagt worden. Die Altersstufe, die meist dabei am wenigsten glimpflich wegkam, war durchweg die Zeit zwischen der Kindheit und dem Mannesalter, die Jünglingszeit. Diese Bezeichnung erscheint fast zu edel, wenn man ihr gegenüber alle die Vorwürfe und Anschuldigungen, die Ausschreitungen und Vergehen ansammelt, welche die „Flegeljahre" des Menschen für den Zeitraum heraufbeschworen haben. Besonders eifert man gegen jene jungen Leute oder Burschen und Bürschchen (letzteres nicht als Zärtlichkeitsausdruck), welche fern von ihrer Familie, in den arbeitsfreien Stunden sich überlassen, ein Leben führen könnten, das nicht nur in sittlicher Gefährdung und moralischem Verderb, sondern auch in einer gesundheitswidrigen Lebensführung die schlimmsten Feinde zu haben scheint.

Ich bin weit entfernt, die Insassen dieser Altersklasse als Tugendbolde anzusprechen; das liegt gar nicht im Interesse meiner Beweisführung. Aber ich sage das eine: Wenn die deutschen Milchschankstellen auf die Kundschaft gerade dieser jungen Leute mit einem Schlage verzichten müßten; wenn sie diese vielverschrienen Burschen nicht mehr als Gäste hätten, so wäre das im Absatz der Schankstellen ein Ausfall, den manche nicht ertragen noch verwinden könnte, daran sie zugrunde gehen würde.

Wem das seltsam erscheint, der gehe rund durch unsere Häuschen und die Trinkläden. Er prüfe das Alter der Besucher und gruppiere sie in Gedanken dementsprechend. Er wird mir bald darin recht geben, daß zwar keine Altersstufe vom Kinde zum Greise ganz fehlt, daß aber jene Mittelstufe in einer merkbaren, offensichtlichen Stärke als ein Teil der täglich Kommenden, als Stammkundschaft, vorhanden ist.

Der regelmäßige Besuch der Milchschankstellen ist, angesichts der vielen andern Unterkunftsräume, darunter der lockenden Schenken, ein nicht trügendes Zeichen für das Streben nach gesunder Lebensführung. Äußert es sich so augenfällig in dieser Altersschicht, die als sittlich und gesundheitlich schwierigst zu beeinflussend und darum als gefährdetst gilt, so brauchen wir bei den darunter und darüber stehenden Lebensaltern nicht zu zweifeln, daß auch sie Mitschwimmer im Strome der neuen, besseren Lebensführung sind.

Die Gesundheitspflege ist heute nicht mehr bloß staatlich; nicht mehr allein die Aufgabe städtischer, den Stadtverwaltungen entnommener Gesundheitskommissionen. Sie ist auch nicht ausschließlich die Sache der Ärzte und Schulärzte oder des Sanitätskorps. Sie ist „unter die Leute gekommen", hier vorgedrungen, bei ihnen ansässig und heimisch geworden als das Streben nach gesunderem Leben. Ein Sehnen und Trachten, das freilich in zahllosen Fällen, bei der Wohnung und andern Teilen der Haushaltsführung, auch bei sonstigen die Gesundheit beeinflussenden Dingen zurzeit ungestillt bleibt, weil es in den, mit einem Mal nicht zu beseitigenden Notständen nicht befriedigt werden kann.

Bei der Nahrung oder Ernährung, die ja in der Haushaltsführung sich mit der Wohnung und der Kleidung zu dem bekannten Dreiklang verbindet, ist, im Gegensatz zu den schlimmen Wohnungszuständen, Abhilfe und Besserung leichter zu beschaffen.

So viel ist gewiß, daß, auch bei sehr beschränktem Einkommen des einzeln Lebenden oder einer Familiengemeinschaft, doch die Verwendung dieses Einkommens auf die Bedürfnisse an Essen und Trinken sehr verschieden und mannigfaltigst sein kann: sei es nach Schlendrian und Schablone; auch abwärts zu übermäßigen Vergeudungen u. a. für alkoholische Getränke; oder aber auch aufwärts zur leiblich gesunderen Kost und löblicheren Nahrung, die am Milchausschank und bald, so hoffe ich, auch an den Obstkosthallen, ohne einzutreten, nicht vorbeigehen werden.

Ulrich von Huttens Wort von seiner Zeit, daß es eine Lust zu leben sei, paßt in unsere Tage mit der Änderung, daß es eine Lust ist, bei den Wandlungen der Volksernährung ein Mitarbeiter zu sein!

Nicht als ob die Arbeit spielend vor sich gehe. Beim öffentlichen Milchausschank, der anfänglich verlachten, viel verspotteten Darbietung, war schon der Teil des Unternehmens kein leichtes Stück. — Ist aber die Arbeit einmal im Gange, dann zeigt sie in schönster, herzerfreuender Weise, wie glücklich unser Eingriff in die zeitlichen leiblichen Bedürfnisse sich gestaltet; wie zeitgemäß und notgedrungen gerade dieser Dienst an der zu bessernden Volksernährung ist.

Das erweist sich aus der Dankbarkeit für die Darbietung. Es äußert sich in den freundlichen Blicken und Worten, die die Gäste so oft in den Trinkpausen uns zuschicken; in ihrem besseren, frischeren Aussehen. In den von Kraftgefühl wieder sich hebenden Gestalten findet jene Erkenntlichkeit den ungesprochenen, so beredten Ausdruck.

Es zeigt sich sogar bei den Nichtgästen und den Nichtmilchtrinkern. Wenn heute die zu errichtende Gemeinnützige Deutsche Obstgesellschaft gewichtige Freunde aus der deutschen Großindustrie erhält, so ist das Dank und Gegendienst für unsern „Werkausschank" der Milch, von dem der rheinisch-westfälische Bericht mit Recht sagt, daß „es kaum ein industrielles Unternehmen größeren Stils innerhalb unserer deutschen Grenzen gibt, welches ihn nicht unter seinen Wohlfahrtseinrichtungen als wesentlichen Zweig aufgenommen hätte".

Ihn kennt man, man hat ihn schätzen gelernt, und erwartet nun von einer reicheren, auch wohlfeileren Darbietung des Obstes, als sie zurzeit den Arbeiterschaften zugänglich ist, keine minderen Dienste für die Volksernährung.

Mit dem herzlichen Entgegenkommen, wie es in unsern Tagen dem Milchausschank zuteil wird, wachsen freilich auch die Pflichten und die Verantwortlichkeit seiner Urheber und Leiter, besonders in den Milchausschank-Gesellschaften. Sie sollten nicht nur vom Ursprung her bis heute, vielmehr auch weiterhin für den Ausschank die zu gemeinnützigem Wirken ausersehenen Unternehmungen sein. Dann aber ist tatsächlich der eine Pfennig mehr oder weniger beim Verkaufspreis des $1/4$-Liter-Glases, es sind die vier Pfennige auf das ganze Liter, keine müßige Pfennigfuchserei, sondern etwas recht Ernstes.

Man verstehe mich richtig: Ich mache einen Unterschied zwischen Einrichtungen, bei denen die verschiedenen Namen auch einen andern Zweck kennzeichnen.

Eine Speisewirtschaft ist keine Volksküche, obschon beide ihre Gäste zu mäßigen Preisen beköstigen. Die eine Wirtschaft und ihrer viele in einer Großstadt können für die Volksernährung sehr wichtig, ja unentbehrlich sein. Auch wird das Ansehen, die Schätzung ihrer Besitzer als tüchtiger Geschäftsmänner sich in dem Maße steigern, wie der Zuspruch der Gäste und die Errichtung von Zweiggeschäften sich vermehrt. Sie erhöhen insgesamt den Reingewinn ihrer Eigentümer, die, bei aller Wohlfeilheit, doch aus tunlichst hohen Preisen möglichst viel zu erübrigen suchen.

Daneben stehen die „Volksküchen", die nichts zu erübrigen brauchen, nur die Ausgaben decken müssen; wenn richtig, in kaufmännischer Weise betrieben, mit einem um den Wirtsgewinn niedrigeren Preisstand. Sie geben sich einen gemeinnützig klingenden Namen. Sie wollen und sie müssen ihm gerecht werden.

Gemeinnützigkeit in den Verkaufspreisen ist — auch beim öffentlichen Milchausschank — nicht der Traum unpraktischer Schwärmer. Es ist die beste Grundlage eines tragfähigen Aufbaues, einer Entwicklung, die, aus allseitiger Zustimmung und Förderung, allerorts dauerverheißend vor sich gehen kann.

Gemeinnützigkeit sollte der Grundsatz aller deutschen Milchausschank-Gesellschaften sein, der großen wie der kleinen.

Dann, aber auch nur dann werden sie an der Spitze bleiben und um eine Kopflänge über jene Privatkonkurrenz hervorragen, die den Milchausschank, mit fremden, häßlichen Zutaten versehen, auszuschlachten sucht. Erfolglos, sobald die Milchtrinker sich besinnen, wo für sie Milch allein, wohlfeilst und anmutend dargeboten, zu haben ist im Frieden und in den Kriegszeiten!

Literatur.

Handbuch der Milchkunde, herausgegeben unter Mitwirkung vieler Fachgelehrter von Dr. Paul Sommerfeld, Vorsteher des Laboratoriums am städtischen Kaiser und Kaiserin Friedrich-Kinderkrankenhaus zu Berlin. Wiesbaden, Bergmann.

Die Milch und ihre Erzeugnisse für die Volksernährung, Dr. Herz. Heft 14 der Flugschriften der Deutschen Landwirtschafts-Gesellschaft, Berlin.

Deutsche Milchwirtschaft in Wort und Bild, redigiert von Dr. Kurt Friedel, Geschäftsführer des Deutschen Milchwirtschaftlichen Vereins, und von Professor Dr. Arthur Keller, Kinderarzt. Halle a. d. S., Marhold.

Die Versorgung der Städte mit Milch, von Dr. A. Clevisch, städtischer Tierarzt und Leiter der Säuglingsmilchanstalt der Stadt Köln. Hannover, Schaper.

Anleitung zur Durchführung einer wirksamen Milchkontrolle in Städten und Landgemeinden, von Dr. Otto Mezger. Stuttgart, Enke.

Bestrahlung der Milch mit ultraviolettem Licht, von Dr. Seiffert, Leipzig. In den Mitteilungen des Deutschen Milchwirtschaftlichen Vereins, 1910, Seite 130, Berlin-Friedenau, Kaiser Friedrich-Platz 2.

Melkbüchlein von Geh. Reg.-Rat Professor Dr. Ostertag, Direktor der Veterinärabteilung im Kaiserlichen Gesundheitsamt, und von Dr. Th. Henkel, Professor für Milchwirtschaft an der Königl. Bayerischen Landwirtschaftlichen Akademie Weihenstephan.

Was jedermann von der Milch wissen muß, „Quensel-Karte". Berlin, Mäßigkeitsverlag.

Milchwirtschaftliches Taschenbuch für 1914, 48. Jahrgang. Herausgegeben von Benno Martiny. Berlin, Paul Parey.

Pflege und Ernährung des Säuglings, Leitfaden für Pflegerinnen und Mütter, von Dr. M. Pescatore; bearbeitet von

Prof. Dr Leo Langstein, stellvertretendem Direktor des Kaiserin Auguste Viktoria-Hauses zur Bekämpfung der Säuglingssterblichkeit im Deutschen Reiche.

Kinderpflege-Lehrbuch, von Dr. med. Arthur Keller, Direktor, und Dr. med. Walter Birk, Assistent am vorstehend genannten Hause.

Das Büchlein der Eltern, die Pflege des Kindes nach dem ersten Lebensjahr bis zum Beginn der Schulzeit, von Geheimrat Professor Fritz Kalle, Wiesbaden; herausgegeben von der Gesellschaft für Verbreitung von Volksbildung, Berlin NW.

Alkohol und Schule, von Dr. J. Flaig. Berlin W. 15, Uhlandstraße 146, Mäßigkeitsverlag.

Anschlagstafel: die Schnapsflasche neben der Milch: Verlag des Arbeiter-Abstinentenbundes, Berlin SO. 16, Engelufer 19.

Mürwiker Kaiserrede, Jubiläumsausgabe als Wandschmuck: herausgegeben und unentgeltlich erhältlich vom Schriftführer des Vereins abstinenter Philologen, Prof. Dr. Ponickau, Leipzig-Gohlis, Cöthener Straße 52.

Taschenkalender für den Alkoholgegner. Verlag, Deutschlands Großloge II des J.O.G.T., Hamburg, Eppendorfer Landstraße 39.

Taschenatlas zur Alkoholfrage, Text von Dr. med. Holitscher. Berlin SO. 16, Engelufer 19.

Blätter für praktische Trinkerfürsorge, redigiert von Landesrat Dr. Schellmann, Düsseldorf.

Bericht über das Gesundheitswesen in Preußen für 1912; herausgegeben von der Medizinalabteilung des Ministeriums des Innern. Berlin, Richard Schoetz.

Wandlungen in der Volksernährung, von Geh. Rat Prof. Dr. Max Rubner, Berlin. Akademische Verlags-Gesellschaft m. b. H., Leipzig.

Von dem Verfasser der vorliegenden Schrift sind erschienen:

Die Milch, auch ein Volksnahrungsmittel. Bonn, Carl Georgi, Universitäts-Buchdruckerei und Verlag.

Soll ich Schnaps, Bier oder Milch trinken? Wann und wo? Wie und warum? Düsseldorf, Druck und Verlag von L. Schwann. (Auch ins Französische, Englische und Polnische übersetzt.)

Die Werknahrung der Arbeiter und ihr Milchkonsum. Vortrag, gehalten am 29. Mai 1911 im Reichs-Versicherungsamt zu Berlin. Düsseldorf, Schwann.

Magermilch, oder Vollmilch? Bonn, Georgi.

Frischmilch am Wege! Sonderabdruck aus der März-Nummer 1912 der Zeitschrift „Der Milchausschank". Herausgegeben von der Deutschen Gesellschaft für gemeinnützigen Milchausschank in Bonn.

Gemeinnütziger, öffentlicher Milchausschank in den Städten. Vortrag, gehalten 1912 auf dem Städte-Kongreß in Düsseldorf. Enthalten in der Gesamtveröffentlichung der dort gehaltenen Vorträge und Verhandlungen.

Vortrag mit dem gleichen Titel, gehalten am 4. Oktober 1912 auf dem 34. Westfälischen Städtetage in Witten a. d. Ruhr. Veröffentlicht in den Verhandlungen dieses Städtetages.

Was ist bei der Alkoholbekämpfung das Wichtigste? — Trank gegen Trunk. Abdruck aus der Februar-Nummer 1913 der Monatsschrift „Der Milchausschank", herausgegeben von der Deutschen Gesellschaft. Bonn, Georgi.

Adolf Möhlau, Erster Vorsitzender der Gemeinnützigen Gesellschaft für Milchausschank in Rheinland und Westfalen († 24. Dezember 1912). Ein Lebensbild, überreicht von vorstehender Gesellschaft. Bonn, Georgi.

Ferner:

Der Milchausschank. Monatsschrift zur Förderung des gemeinnützigen Milchausschanks an jedermann in den Städten an den Straßen, in Arbeitsräumen, Schulen, bei den Heerespflichtigen u. a., und in der Säuglingsfürsorge. Herausgegeben seit Juli 1909 von der Deutschen Gesellschaft für gemeinnützigen Milchausschank zu Bonn, Brückenstraße 26; Vorsitzender der Redaktionskommission: Prof. Dr. Kamp, Bonn. Die Zeitschrift erscheint seit Januar 1914 unter dem Namen Milch und Obst.

Außerdem:

Satzung der Rheinisch-Westfälischen Milchausschank-Gesellschaft, Sitz Düsseldorf, Schützenstraße.

Satzung der Deutschen Gesellschaft, Bonn, Brückenstraße 26.

Satzung des Gemeinnützigen Vereins für Milchausschank zu Berlin, Berlin-Wilmersdorf, Tübingerstraße 1.

Satzung der Schlesischen Gesellschaft für gemeinnützigen Milchausschank, Breslau, Dr. Kurt von Eichborn, Blücherplatz,

sowie deren Jahresberichte, insoweit sie sich nicht in der vorstehend genannten Monatsschrift abgedruckt finden.

FSC
www.fsc.org
MIX
Papier | Fördert gute Waldnutzung
FSC® C083411

Kolibri 360 GmbH
Ferdinand-Jühlke-Straße 7
99095 Erfurt, Deutschland
produktsicherheit@kolibri360.de

Druck:
CPI Druckdienstleistungen GmbH
im Auftrag der
Kolibri 360 GmbH
Ferdinand-Jühlke-Str. 7
99095 Erfurt